AF451013

Brian Alba

CÓMO SANAR UNA RELACIÓN DE PAREJA Y RECONSTRUIR LA CONFIANZA

Dedicatoria

Para todos aquellos valientes que están dispuestos a luchar por el amor y la felicidad en sus vidas.

Que estas páginas les brinden sabiduría y perspectivas nuevas, y que encuentren inspiración para superar los obstáculos que se interponen en el camino hacia una relación saludable y próspera.

Recuerden que cada desafío es una nueva oportunidad para crecer juntos, y cada crisis puede convertirse en un trampolín hacia una conexión más profunda.

Confíen en ustedes mismos, confíen en su pareja y sigan adelante con valentía, compasión, comprensión y perseverancia. ¡Ustedes tienen el poder de salvar y transformar su relación en algo hermoso!

Que este libro les brinde las herramientas y la guía necesaria para navegar por los altibajos de la vida juntos, y que encuentren la felicidad duradera que tanto anhelan.

Con cariño y optimismo,

Brian Alba

ÍNDICE

Introducción

Las relaciones de pareja representan retos y dificultades, siendo algo que no todo el mundo dice. Muchas veces, cuando se habla de comenzar una relación; las personas tienden a romantizar la idea, tienden a minimizar los problemas reales que conlleva empezar a tomar un rumbo maduro a un hecho que posiblemente hayan tomado como un juego en un inicio.

Este libro busca resolver los problemas de pareja; procura dotar al lector de técnicas, ejercicios, y diversos materiales los cuales servirán para resolver una gran problemática presentada no solamente en la actualidad, sino desde el inicio de lo que viene siendo la interacción humana.

Las parejas de antaño no están exentas de esta situación dado que en el pasado muchos de los problemas venían presentados por la falta de comunicación, por la polarización de roles y por el machismo inculcado de generaciones pasadas a las parejas. Esto no es algo que venga de una época reciente, es algo de la parte instintiva del ser humano. Es la cuestión más básica del ser humano, ya que la hembra de una especie siempre buscará protección, busca una especie masculina apta para procrear, para ser protegida por este y que también demuestre ser merecedor de implantar su semilla, por otro lado; el macho de la relación buscará siempre a un ente femenino capaz de procrear, que sea apta de portar sus genes... Entonces, ¿Se puede ver evolución en esto? Por supuesto que sí.

Una pareja criada de esta manera siempre estará jugando un rol en el que el hombre tratará de buscar quien pueda cargar con los genes portados por él y la mujer a un hombre que sea capaz de protegerla, hacerla sentir cubierta de necesidades y que también represente el prospecto de pareja ideal. Pero esto no es acertado del todo, ya que al verse así comienza la falta de empatía, comienza a delegarse funciones por el género, y esto es algo que en este libro se va a reparar, por decirlo de alguna manera.

Las parejas modernas, digamos del año 2000 en adelante buscan romper un poco ese paradigma, agregando términos como "Igualdad de género" "Labores compartidas" "Terapia de parejas" "Retiros matrimoniales", etc. Estas actividades que se mencionan buscan justamente derrumbar la barrera que fue creada por generaciones pasadas, a pesar que aún sigue habiendo problemas como falta de comunicación, apego emocional, distanciamiento por el trabajo, entre otros. Las parejas de hoy en día no están cerca de ser perfectas, pero están mucho mejor que las anteriores en algunos aspectos como iremos viendo más adelante.

Entonces, ¿Qué queda para las parejas del futuro? Esto es un misterio, no se sabe realmente qué sucederá para las parejas del futuro, ya que estas se verán afectadas por la sociedad, por las nuevas tecnologías, por la forma en que se concibe una relación de aquí a unos 50 años más. Lo que, si se puede asegurar, es que con una guía de moralidad y ética adecuada del trato hacia los demás, se puede hacer un acercamiento bastante certero.

Este libro busca entonces que estos diversos problemas mostrados de forma general, así como otros que serán nombrados más adelante; sean erradicados y que toda pareja reparar su propia relación y convertirla en una relación sana que perdure a través del tiempo.

¡Sean todos bienvenidos!

Capítulo 1

Diagnosticando la relación

Identificando problemas de pareja

Comunicación deficiente

Este es uno de los problemas más comunes de encontrar cuando se habla de entablar una relación que busca formar raíces sanas. Una comunicación poco eficiente puede deberse a varios factores. Una persona que tenga traumas personales y que en su pasado haya sido minimizado tenderá a comunicarse muy poco o nada sobre aquello que le aqueja siendo esto es un conflicto muy grave porque quien carga con este tipo de traumas, muchas veces, no repara en el daño que se hace a sí mismo y por consecuencia podrá dañar a quien lo acompaña.

¿Cómo se ve una comunicación deficiente?

Esta es una pregunta no tan sencilla de responder, pero se puede entrever que la comunicación deficiente es aquella que posee ciertos aspectos los cuales se mencionan en la siguiente lista:

1.- Tono inadecuado: Es algo bastante gracioso cuando las personas se dan cuenta que la mayoría de sus problemas de pareja se deben a una diferencia de tono de voz y no al problema que cree aquejarle en sí. En diversas ocasiones, se podrá ver que parejas cercanas a su persona (Sino es que es usted mismo) están discutiendo de forma bastante acalorada y al preguntárseles el motivo será algo irrelevante, pero todo tiene que ver con la forma en que se dijo algún comentario, más que el comentario en sí.

2.- Traumas de infancia: Este punto es más delicado, ya que trata de los eventos del pasado que afectaron la forma en que una de las partes se comunica. Esto puede deberse a que la persona en el pasado fue víctima de minimización por parte de alguna figura paterna o materna. Cuando una persona sufre algún episodio traumático como ser despreciado al querer expresar algún sentimiento, este puede cerrarse al punto de pensar que expresarse será motivo de castigo.

3.- Creerse autosuficiente: Esta es otra razón que puede derivar en problemas de comunicación. Cuando una persona siente que es capaz de resolver sus adversidades sin contar con nadie ya que gran parte de su vida fue así, esto trae desavenencias porque la pareja sentirá que no es lo suficientemente capaz de ayudar a su compañero. Este problema aparece cuando en el pasado la persona sufrió de abandono por parte de alguna figura paterna o se le fueron delegadas diferentes funciones pese a tener una edad prematura.

Para entender un poco mejor la importancia de reconocer los problemas quiero que se lea con atención:

Paula y Antonio

"Una pareja, Paula y Antonio comenzaron su relación con mucha ilusión y expectativas. Se habían conocido en la universidad y desde el primer día se sintieron atraídos el uno por el otro. Sin embargo, con el paso del tiempo, comenzaron a surgir problemas que no habían identificado desde el inicio y su relación se fue deteriorando.

Estas dos personas tan enamoradas, al principio, parecían ser la pareja perfecta: compartían gustos, proyectos y objetivos en la vida. Pero con el pasar de los meses, comenzaron a tener problemas en su relación dada la poca consciencia de las etapas de una relación. Paula se sentía frustrada porque consideraba que Antonio no la escuchaba adecuadamente. Antonio, por otro lado, creía que Paula era demasiado crítica y que siempre estaba buscando su aprobación. Estos problemas empeoraron con el tiempo y comenzaron a afectar su relación.

Sin embargo, tanto Paula como Antonio eran demasiado orgullosos como para aceptar que algo estaba mal. En vez de intentar arreglar sus problemas, decidieron seguir adelante con su relación como si nada estuviera pasando. Esto sólo generó más tensión y problemas en la relación.

Con el tiempo, la relación de estas dos personas comenzó a deteriorarse cada vez más. Peleaban constantemente y no se sentían cómodos el uno con el otro. A pesar de este conflicto, seguían juntos, puesto que ninguno de los dos quería dejar la relación.

Finalmente, llegó un punto en que la situación se hizo insostenible. Ellos se dieron cuenta de que su relación estaba en crisis, que tenían problemas profundos y que necesitaban solucionarlos si querían continuar juntos. Decidieron acudir a un consejero matrimonial, el cual les enseñó a identificar y trabajar en sus problemas.

Aprendieron a escucharse mutuamente, a aceptar críticas constructivas y a reconocer sus errores a partir del dialogo eficaz.

Poco a poco, su relación fue mejorando y volvieron a sentir la ilusión que habían tenido en un principio. Su relación se fortaleció porque aprendieron a identificar y solucionar los problemas que habían tenido desde el inicio."

Esta pequeña historia enseña que se debe comprender cuándo buscar ayuda y enseña a identificar los problemas, porque hoy en día Paula y Antonio han sido más felices y maduros respecto a lo que sienten y cómo lo sienten.

Falta de confianza

La falta de confianza es un factor arraigado a experiencias pasadas relacionadas a noviazgos o compromisos fallidos. Una persona que desde el inicio demuestra desconfianza hacia su pareja, no está necesariamente acusando de algo a la persona, sino que pide a gritos sentirse segura, pide que se calmen a través del amor todos esos miedos porque en el pasado fue herida o traicionada.

Una buena manera de apaciguar esos miedos es conversando sobre el tema con serenidad.

Rutina y aburrimiento

Otro de los problemas que se presentan en parejas que llevan ya un tiempo es la rutina y el aburrimiento. Cuando ya se lleva un periodo de tiempo junto a otra persona es muy normal que se caiga en la monotonía, que se empiece a percibir cierto aburrimiento por las actividades realizadas, y cuando esto sucede creen que el amor se acabó, pero no es así. Una pareja que llega a este punto ha pasado por diversas etapas y una de ellas es el enamoramiento, luego de esto llega el amor real y maduro, este amor comienza a ver los defectos de la contraparte y es allí donde debe decidir amar y no amar por sentimiento simplemente. Esas rutinas que se presentan son oportunidades para reinventarse, para hacer cosas nuevas, pero también, y más importante aún; para valorar esos instantes y sacar ese "algo" diferente de cada evento parecido.

Entender los lenguajes del amor de tu pareja

Existen diferentes lenguajes del amor, y el problema de una pareja en sus inicios es precisamente no entender los distintos lenguajes que alguna de las partes puede ofrecer. Lo más común que puede ocurrir es que una de las partes demuestre su amor mediante palabras, mediante la externalización sentimental y que espere que su pareja haga lo mismo, y que por el otro lado exista una demostración de afecto arraigada a los detalles físicos, los actos de servicio, etc. Esto afecta a una gran parte de las estadísticas porque normalmente quien trata con palabras de amor y frases como: Te amo, eres lo mejor que me ha pasado, eres la persona indicada. Espera lo mismo del otro, mientras que este otro dedica su amor a cocinarle a esa persona, a darle detalles, a preocuparse si algo no está bien, pero este tipo de actos generalmente no se ven en primera instancia, por lo que es necesario evaluar estos lenguajes del amor antes de poder caer en una problemática.

Esto es un problema muy común y es algo de lo que Mauricio y Andrea podrían enseñarnos:

"Andrea y Mauricio habían estado juntos por varios años, pero aun así sentían que algo no estaba funcionando bien en su relación. A menudo tenían desacuerdos y se notaba que no entendían el lenguaje de amor del otro. Andrea amaba pasar tiempo de calidad con Mauricio y esperaba que él hiciera lo mismo, pero él expresaba su amor a través de regalos y detalles que a ella no le importaban tanto.

Mientras tanto, Mauricio pensaba que le estaba demostrando su amor a Andrea mediante regalos, detalles y más cosas materiales, sin embargo, estos detalles no parecían tener el impacto deseado en Andrea. Estos desacuerdos comenzaron a generar discusiones más grandes y a menudo llevaban a peleas que parecían no tener solución.

Un día, alguien mencionó a Andrea investigó mucho sobre el lenguaje del amor y cómo este afectaba las relaciones. Intrigada, ella decidió leer sobre el tema y descubrió que cada persona tiene una forma particular de entender y expresar el amor, pero que estas formas pueden no ser iguales entre todos.

Andrea estaba segura de que ella y su compañero eran la pareja perfecta, pero se sintió un poco decepcionada al darse cuenta de que no entendía cómo Mauricio la amaba. Antes de darse por vencidos, tomaron la decisión de darse una última oportunidad y aprender todo sobre las parejas. Lo que descubrieron fue que los dos estaban mostrando cariño de diferentes maneras.

Andrea aprendió que los regalos y detalles eran importantes para Mauricio, mientras que él descubrió que, para ella, pasar tiempo de calidad juntos, era mucho más significativo que cualquier otro regalo. Una vez que comprendieron esto, hablaron abiertamente acerca de lo que cada uno esperaba del otro. Incluso la comunicación mejoró cuando los dos empezaron a hablar su propio lenguaje del amor.

Andrea y Mauricio comenzaron a disfrutar mucho más de su relación, lo que les permitió ver con mayor claridad lo importante de reconocer los lenguajes del amor en su pareja. Al final, su sabiduría al comprender esta parte de sí mismos hizo que fueran más fuertes como pareja y se sintieran aún más cerca del amor por decisión."

Problemas sexuales, de tiempo, trabajo, etc

Por último, existen otros problemas que caen en esta categoría y son los que refieren directamente a la parte sexual. Las parejas piensan que la época de vivir juntos es emocionante, está llena de pasión y piensan que las relaciones íntimas juegan un papel sumamente prioritario ya que en su mente se crea la idea de que estarán la mayor parte del tiempo en ese tipo de actividades, pero lo cierto es que no. Cuando una pareja da ese gran paso, que es el de vivir juntos; empiezan a llegar responsabilidades, estas responsabilidades abarcan falta de tiempo para intimar, horas de trabajo extenuantes que acaban por sofocar el tiempo de calidad, inconvenientes en el juego previo e incompatibilidad en la intimidad por lo que siempre será altamente recomendable tener todos estos puntos claros para ambos.

Evaluar la comunicación actual

Entender la forma en que te comunicas es completamente importante para poder superar dificultades más adelante, dificultades reales de parejas y retos. El primer inconveniente que puede presentarse en la convivencia es saber cómo comunicar cuando algo no está bien, esto es un camino a recorrer bastante delicado, pero siempre existen maneras de evaluar cuando esa comunicación tambalea. Por ese motivo se dejará en esta sección una serie de pautas que se deben toman en cuenta para poder calificar la relación de comunicación que se tiene con la pareja:

Habilidades de escucha activa

Las habilidades que le permiten a una persona establecer nexos con su pareja están asociadas a la conciencia, están relacionados más a la forma en que esta percibe cada comentario o llamado de atención que hace la pareja al otro cuando algo no está bien. Escuchar de forma activa no es simplemente oír aquello que se dice, sino también prestar una real atención a aquello, para que de forma consciente se pueda tomar acción sobre aquello que aqueja a la pareja.

Escuchar de forma activa entonces, va más allá de oír; tiene que ver con la forma en que estas palabras llegan al oído de la persona que necesita escucharlas, tiene que ver con una forma de entender aquello que se pide, es comprensión, es atender de forma amorosa aquellas palabras que dice la persona con la que se comparte un proyecto de vida. Dicho de otra manera, escuchar activamente es tener empatía por quien te ama.

Barreras comunes a la hora de comunicarse

Algunas barreras que se pueden encontrar cuando se intentan establecer lazos comunicativos son: Diferencia de ideas, traumas de la niñez, miedo a ser ridiculizado, aislamiento e individualismo en situaciones que refieren a la relación. Todos estos eventos, de una u otra manera afectan a la persona ya que se cierra ante el hecho de poder establecer lazos con la pareja.

Diferencia de ideas: Este problema ya se mencionó anteriormente, pero vale la pena destacar que el mayor índice de peleas entre parejas se debe a que el enfoque que tiene una persona y otra es la discrepancia. Se debe recordar que cada persona es un mundo, y tal vez el problema no sea enfrentar una adversidad, sino que se quiera que la forma de enfrentarla sea desde una sola óptica, y no se deje espacio a la maniobra. Se debe intentar llegar a acuerdos, llegar a puntos medios no solamente ante problemas sino ante cualquier situación.

Traumas de la niñez: Esta es otra barrera y tiene que ver más con eventos que no se pueden controlar o mejorar dentro de la relación. Al encontrarse en una situación así, es inteligente tratar de conseguir la ayuda profesional para intentar mejorar en ese aspecto. Tal como se hizo mención al inicio del capítulo, estos problemas vienen por el hecho de que figuras de autoridad hayan menospreciado al afectado, por tal razón; se debe realizar un diagnóstico y posterior terapia para que de tal manera pueda subsanarse tal hecho.

Miedo a ser ridiculizado: Esta barrera, tal como la que se ha especificado anteriormente; es producto de algún trauma del pasado pero que pudo devenir en edades no necesariamente cercanas a la niñez. La persona que padece este temor, busca evitar hablar de algo que le genera incomodidad porque no desea sentirse incomprendido o minimizado por su pareja. Existe dentro de sí mismo o sí misma una lucha por reprimir esos sentimientos ya que piensa que si los externaliza será motivo de mofa.

Identificar patrones negativos de comunicación

No toda comunicación es positiva, no toda comunicación es constructiva ni edificante. Muchas veces se puede pensar que hablar las cosas de la manera que sea solucionará algo y esto es un error común, porque la comunicación tiene vías, tiene caminos a seguir para que no solamente sea eficaz el envío del mensaje, sino para que se construya un puente sólido de empatía y confianza en el proceso.

Así como existen entonces vías correctas, también están las desfavorables y tienen en común el hecho de magnificar el "súper yo". Pensar únicamente en lo que se hace en vez de ver lo que hace la otra persona es el inicio de muchos problemas. Entonces pues, la comunicación puede sufrir efectos negativos sí:

a) Se usa el siempre y el nunca: Una comunicación de parejas en las que se esté usando términos de reproche como siempre y nunca es una discusión solamente va a empeorar las cosas. En vez de hacer eso, se debe tratar de usar términos como

"Yo en la mayoría de veces"

"Siempre que puedo trato de"

Así toda charla va a fluir mejor.

b) El inicio de un debate deriva en señalar los defectos del otro: Este es otro patrón que causa efectos adversos en las parejas que deciden tratar sus diferencias mediante la palabra. Cuando una pareja recurre a ataques o comentarios referentes a defectos de la pareja con tal de ganar una discusión, el ambiente se torna tóxico, y la relación carece de tranquilidad.

c) Hablar siempre desde el yo: Una conversación que comienza con frases como *"Yo tengo que"*, *"Cada vez que yo"*, *"Cuando yo hago"* es una conversación que no tiene intenciones de llegar a algo positivo. Si se desea mejorar la forma de comunicación entre parejas, lo ideal es dejar de lado el egoísmo, dejar el yo de lado para comenzar a tratar dichos problemas como un evento que se pueda resolver entre las dos partes.

¿Cómo hablar mejor y evitar peleas?

Para poder evitar peleas y poder hablar mejor, es necesario entonces comenzar a erradicar aquellos defectos de comunicación que dañan el espectro de la misma, haciendo uso de los tres aspectos de la comunicación negativa como punto de partida. Si se desea comenzar a construir una relación libre de ataques y patrones tóxicos, se debe comenzar un camino de evaluación y mejora en los siguientes temas:

- **Hablar siempre desde la empatía**: Este enfoque ayudará a que desaparezca ese patrón de hablar desde la óptica individualista. Ser una persona empática muchas veces hará que la discusión se evite ya que por lo general la persona que se queja de algún problema no busca pelear, busca solucionar ese problema, busca (Generalmente desde el amor) señalar algún defecto corregible de la otra parte para mantener la relación sana.

- **Centrarse en hablar del problema, son dos contra el problema y no uno en contra del otro:** Cuando se empiezan a tratar los problemas como una situación en la que es un equipo contra un problema, las discusiones y peleas se disminuyen en un 95%, ya que como se ha dicho con anterioridad, el problema no es una diferencia de ideas sino de tonos de voz al comunicar esas diferencias.

- **Reconocer los defectos propios:** Este punto busca solucionar el hablar con términos de reproche hacia el otro. Si se empieza a hablar y tratar los problemas reconociendo el valor del otro y lo que hace, este no se sentirá atacado y por ende buscará comprender aquello que se le dice sin pensar que está sufriendo un ataque por parte de la pareja.

Ejercicios prácticos para mejorar la comunicación

Para culminar con esta sección y poder analizar patrones tóxicos, es necesario realizar los siguientes ejercicios prácticos contra la comunicación ineficiente. Cabe destacar que cada uno de estos ejercicios garantiza resultados saludables y que de seguro te ayudará a la resolución de problemas con tu pareja.

Ejercicio	Nombre	Descripción	Beneficios
1	Validación	Validar es hacer sentir a la pareja escuchada y amada, comprendida. Esta técnica bebe mucho de la escucha activa.	Hacer esto hará sentir a la pareja segura, protegida,

2	Lenguaje positivo	Se trata de una forma de comunicarse evitando decir la palabra "no" durante una discusión. Esta forma de ejercicio de parejas busca la comprensión entre ambas partes.	La comunicación es mejor recibida en cuanto a la esencia del mensaje, existiendo un mejor entendimiento del mensaje.
3	Contacto visual	Tipo de ejercicio que trata sobre la comunicación no verbal. Se basa en la observación cara a cara en un lugar pacífico y tranquilo. 5 minutos en promedio debe durar la mirada sin desviarse.	La idea de este ejercicio es hablar sobre la experiencia que condujo este tiempo de introspección en pareja.
4	Lo que amo y lo que no	Esta técnica consiste en decir tres cosas que se aman y tres que se odian de la persona con la que se está planteando formar un proyecto de vida. Esto se hace lejos del súper yo.	Ayuda a romper esa barrera que existen y la idealización de parejas, en la que muchas veces se cree que se es perfecto. Ayuda a abrir los ojos ante hechos de conducta y genera un momento de intimidad muy potente.
5	Control diario	Esto se hace mediante la	Esto ayuda a crear una atmósfera de

		aplicación de los ejercicios anteriores, ya que se toma un instante del día y se programa una charla con escucha activa, tiempo de contacto visual y lenguaje positivo con comentarios de lo que se ama y lo que no evitando la palabra no.	retroalimentación en la que ambas partes determinan un seguimiento mutuo de aquello que les permite sentirse bien y en paz con la otra parte.
6	Expresar gratitud	Se trata de agradecer, preferentemente al final del día; todo aquello que la pareja ha hecho bien durante el día y que ha significado un avance.	Hace sentir a la persona que se agradece una gran sensación de bienestar, un sentimiento de aprecio y permite formar lazos muy íntimos.

Analizar patrones de comportamiento negativos

Identificando comportamientos tóxicos

Aunque la palabra "toxicidad" se ha puesto muy de moda en estos tiempos, existe una veracidad en ciertos aspectos que pueden catalogarse como dañinos o tóxicos tanto para la persona que los practica como para quien recibe esos comportamientos. Al tratarse de la resolución de problemas en 30 días, es pertinente erradicar dichos comportamientos ya que el arrastrarlos a la convivencia volverá el entorno una pesadilla. Aunque son muchas las prácticas que pueden considerarse agresivas, aquí se adjuntan las más llevadas a cabo:

I. Provocar sensaciones desagradables en los demás.
II. Ser quejumbrosos la mayoría de veces.
III. Ser personas de pensamientos negativos.
IV. El convertirse en víctimas aun cuando los responsables son ellos mismos.
V. Tener comportamientos que se consideran narcisistas.
VI. Ser de comportamiento pasivo agresivo.

Pese a que no existe una regla escrita sobre cómo ser una persona tóxica, esta serie de conductas son las más utilizadas y son las que se deben evitar a toda costa, tanto a nivel individual como a nivel de pareja.

Este tipo de comportamientos se ven más a día de hoy, con toda la situación de las terapias de pareja, y para ejemplificar esto se mostrará la historia contada por una psicóloga cuya información quedará en el anonimato al igual que las personas involucradas, las cuales serán llamadas Frank y Rocío

"La persona que cuenta esta historia, una psicóloga especializada en terapia de pareja, conoció a Frank y Rocío como una pareja enamorada y felizmente comprometida. Sin embargo, a medida que las sesiones progresaban, nuestra anónima comenzó a notar ciertos patrones en su relación que ella sabía que debían ser abordados.

Esta pareja parecía tener una relación tóxica donde los celos eran comunes y la manipulación emocional era la norma. Frank se sentía inseguro en la relación y usaba estos celos como una forma de controlar la relación y a su novia. Rocío, por otro lado, también era celosa y a menudo desconfiaba sin ninguna base real, empeorando de tal manera aún más la situación.

Durante sus sesiones, la psicóloga trató de enseñarles a ambos sobre la importancia de la confianza, la comunicación y el respeto mutuo en una relación saludable. Les explicó cómo la relación tóxica que tenían podía llevar a problemas serios en caso lleguen al matrimonio y cómo debían trabajar juntos para evitarlo.

Después de varias sesiones, nuestra pareja de enamorados comenzó a darse cuenta de que la forma en que se trataban no era saludable. Aunque les había

llevado más que un tiempo comprenderlo, la profesional pudo guiarlos para que analizaran su relación y comprendieran sus aspectos tóxicos. Lentamente, comenzaron a trabajar juntas para establecer límites y confiar el uno en el otro. Al final, tuvieron una relación más equilibrada y saludable.

Nuestra psicóloga siente, hoy en día; una gran satisfacción al ver que la pareja está progresando y avanzando en la dirección correcta.

Cuando llegó el momento de despedirse, los dos chicos le agradecieron sinceramente por ayudarles a comprender y mejorar su relación. Se sentían mucho más agradecidas por tener una relación más humana y menos hiriente. La experta en psicología se sintió feliz al ver que su trabajo y el esfuerzo de Frank y Rocío habían dado frutos y que juntos lograron superar los obstáculos que les impedían tener una relación más saludable y feliz."

Entender el impacto de los patrones negativos

Es sencillo comprender cuáles son las desventajas de incidir de forma recurrente en comentarios y patrones negativos ya que, en base a la lista anterior, se puede estimar lo que sucederá de continuar en dichas prácticas.

El ser una persona tóxica tiene un impacto medible en diversos niveles, esto es así porque afecta de la siguiente manera:

Nivel personal: El primer impacto se mide de un círculo interno hasta los alrededores, y la persona más cercana a esta afección es quien la ejerce. Porque si se es una persona de comportamiento agresivo, quejumbrosa, se cree la víctima en todo aquello que hace o dice, inmediatamente va a comenzar a tener síntomas relacionados a la depresión.

La razón de esto es que esa energía que se emana también afecta a nivel interno. Se debe recordar que la vida es la percepción que se tiene de ella, esto quiere decir que todo lo dicho y externalizado es producto de lo sentido.

Nivel de pareja y amigos: Cuando se llega a este nivel de toxicidad la situación es bastante precaria. En este punto no solamente la persona es la afectada, sino que empieza a envenenar el ambiente de su pareja y amigos, y son los segundos los que primeramente se dan cuenta de la problemática y buscan alejarse. En el caso de la pareja, es diferente y esto es porque existe un ápice de esperanza en que la persona cambie, entonces al principio empieza a haber una serie de enfrentamientos que agotan más y más la paciencia de la persona que tiene a la pareja tóxica como un desgaste físico. Al final de todo este proceso doloroso viene el inevitable rompimiento.

Nivel de personas ajenas: Ya es el nivel más alejado, y en este punto se debe imaginar la toxicidad como un aura y esta aura se encuentra ahora a muchos kilómetros a la redonda de la persona tóxica. Esto quiere decir que todos se pueden dar cuenta de estas actitudes negativas, evitando a la persona, aislándola de la sociedad. Y ¿Qué se podría esperar si una persona es aislada y marginada? Pues lo peor, ya que una persona que se ha marginado a sí misma a tal grado, debe tomar acción y reparar su imagen y su ser antes de que esto lo lleve a situaciones irremediables.

Reflexionar sobre las dinámicas de poder en la relación

Otro punto en el que se debe hacer énfasis, es en la llamada "Dinámica de poder en la relación". Esto tiene que ver con quién ejerce poder sobre qué en la relación.

Se debe partir entonces del principio siguiente: *"En una relación los dos están en igualdad de condiciones".* Que una persona quiera mandar en un aspecto u otro sin el consentimiento de su pareja es un indicio de futuros problemas. Existe una diferencia muy grande entre delegar y hacerse cargo de aspectos de la convivencia y querer ejercer poder.

Si una de las partes en la relación comienza a generar ambición de poder esto puede significar que más adelante vendrán problemas. Las formas más clásicas en las cuales se ve la ambición de poder son:

- Querer tomar roles en la relación de índole sexista: Es la manera de querer generar poder en la relación más común porque viene disfrazado de frases como "Yo pago esto porque soy el hombre", "Deberías encargarte de esto en casa porque eres la mujer", "Yo arreglaré esto, soy el hombre de la casa", etc.

- Utilizar la posición económica: Es una estrategia de quien gana más dentro de la convivencia para poder mandar y dar órdenes. Si se está en una relación, no depende de quién gane más o quién gane menos, las labores deben ser ejecutadas por ambas partes en medida de que alguno de los dos pueda porque de no ser equitativos generará muchos problemas y mucho rencor camuflado en el largo plazo.

¿Cómo cambiar los comportamientos negativos?

Se evidencia una gran cantidad de aspectos que pueden arruinar una relación y todos estos están relacionados con la percepción y actitud propia que una persona puede generar. Para poder cambiar esto, se puede hacer uso completo y consciente de cada una de las técnicas mostradas en este libro, además de poner atención a los detalles que se muestran como patrones tóxicos. Debe recordarse que los ejercicios que aquí están planteados sirven para poder tener una visión más consciente de aquello que se está haciendo de forma errada, y que corregir eso depende tanto de la persona que se ve influenciada por sus comportamientos como de la repetición y frecuencia con la cual se haga cada uno de los ejercicios.

Capítulo 2

Estableciendo metas y compromisos de pareja

Identificar las metas como pareja

Identificar las áreas de mejora

En el capítulo pasado se establecieron ejercicios para poder arrancar los patrones tóxicos que muchas veces arruinan por completo la experiencia de una relación sana, Es el turno de enfocarse en lo positivo. Ya para este punto se debe tener muy en claro aquello que se debe mejorar a nivel individual y a nivel de pareja en lo referente a comportamientos poco sanos.

Para enfocarse en lo bueno, primeramente, se debe hacer una identificación de aquello en lo que se debe mejorar en el ámbito grupal, en el equipo. Para eso se establece que el ejercicio ideal de identificación es aquel que provee al usuario una idea ponderada de qué aspectos, de los 5 aspectos pilares de una relación. Para hacer este ejercicio se debe puntuar de menor a mayor, siendo el 1 la peor nota y 10 la mejor cada pregunta. Luego de esto se procede a sumar los puntajes de cada rama.

En caso de obtenerse un puntaje de 15 o menos en una de las ramas, esta se convertirá en la prioridad de mejora, porque implica que un 50% o más de la misma se ha visto afectada.

Aspecto	Pregunta 1	Puntaje	Pregunta 2	Puntaje	Pregunta 3	Puntaje	Total
Comunicacional	¿Cómo te sientes cuando hablas con él/ella?		¿Qué tan satisfech os se sienten al hablar?		¿Cómo se expresa cuando habla contigo?		
Sexual	¿Qué tan satisfecho/a te sientes al momento de intimar?		¿Cuándo van a la intimidad se preocupa por tu bienestar ?		¿Es un acto que al realizarlo te hace sentir pleno y amado?		
Sentimental	¿Te sientes amado/a y comprendid o/a con tu pareja?		¿Puedes abrirte y expresar cualquier sentimie nto con él/ella sin sentirte minimiza do/a?		¿Tu pareja está dispuesta a comunicar aquello que siente con facilidad?		
Proyección	¿Qué tan acorde están las metas que tienes con las de tu pareja?		¿Hablar del futuro incomod a a alguno de los dos?		¿Qué tanta tranquilida d sientes con los planes actuales de tu pareja?		

Establecer metas específicas y medibles

Para poder establecer metas realistas y que puedan ser cuantificables dentro del plazo ideal que son 30 días, se debe comenzar por tomar como punto de partida aquello que se hizo en el apartado anterior. No se puede avanzar en la relación en lo que respecta a metas alcanzables si no se sabe qué es lo que se debe mejorar en primer lugar. Para esta parte del ejercicio se necesitará tomar la información recolectada en el ejercicio anterior para poder establecer las metas de forma cuantificable y metas realmente específicas.

Este ejercicio consta de 6 pasos que son los establecidos para poder ayudar a sanar una relación en el tiempo establecido.

1) Evaluar qué tan grande es la meta a conseguir: Por este motivo es que se recomienda comenzar con aquellas metas que necesitan atención o prioridad. Para saber qué tan factible es establecer dicha meta se deben tomar diversas consideraciones.

- Meta a corto plazo: Es una meta que puede conseguirse en un plazo de una semana. Este tipo de metas pueden verse como la resolución de un contratiempo, véase: Comenzar a hacer más cosas juntos, tener más cenas románticas, pasar más tiempo de calidad, etc.

- Metas a mediano plazo: Estas son metas conseguibles a plazos de 30 días a 6 meses. La cosa aquí toma otro rumbo porque son proyectos, no solamente metas fácilmente visualizables. Este tipo de metas se pueden ver como alguno de los siguientes ejemplos: Comprar un automóvil, alquilar una pieza departamental, definir tareas, etc. Estas serán metas alcanzables bajo un trabajo diario y constante; apalancándose por las metas a corto plazo.

- Metas a largo plazo: Ya son metas que pueden lograrse bajo plazos mayores a los 6 meses. Proyectos así requieren de una estabilidad, un entendimiento y conexión a nivel de lo que se desea conseguir del otro en un nivel más elevado. El tiempo estipulado pese a que se plantea mayor a 6 meses, es pertinente hacer énfasis en que pueden prolongarse a años de constante trabajo como podría ser la convivencia o hijos de por medio.

2) Estipular fechas: Este paso requiere del paso anterior para poderse llevar a cabo ya que se trata de establecer fechas límites dentro del plazo global. Si es una meta a corto plazo, la sugerencia más lógica es estableces hitos diarios, uno por cada día de la semana hasta completar la meta, si es una meta a mediano plazo, establecer 3 hitos por semana y si es a largo plazo lógicamente un hito semanal. La idea es que cada hito tenga una fecha programada para ser ejecutado.

3) Establecer penalizaciones o "castigos" por incumplimiento: Este paso es una especie de condicional a un fallo por parte de uno o ambos miembros de la relación. El ser humano aprende a base de reprimendas, esto es así desde el inicio de los tiempos y no hay nada más vergonzoso que ser reprendido por incumplir algo que se estipuló, por ese motivo; poner condiciones en caso de no llegar a cumplir es la manera en que se respeten esos plazos.

4) Dividir los objetivos grandes en objetivos más pequeños: Existirán puntos que serán complicados de conseguir. Para poder completarlos y evitar caer en el estancamiento, es necesario subdividir esos objetivos con la idea de no perder el impulso.

5) Aprovecha el momentum: Cuando una acción es completada, existe un sentimiento de triunfo y confianza. Estos momentos deben ser aprovechados para conseguir otro escalón, así que, si se consigue un objetivo, es positivo ir por el siguiente pese a no estar en las fechas.

6) Celebra y premia cada objetivo alcanzado: Cuando se logre cada uno de los objetivos, una manera de poder seguir tomando ánimos es premiarse para acondicionar la mente a que poner acción en las metas trae recompensas. Una forma bastante romántica puede ser tomarse en vino y brindar por el nuevo objetivo alcanzado

Ejercicios de visualización de la pareja a futuro (a donde quieren llegar como pareja)

Para que se pueda comprender mejor todo lo que se ha estudiado, es momento de avanzar con una serie de ejercicios que se enfocan en el futuro como pareja.

Lo primero que se debe hacer es completar una serie de preguntas y este ejercicio se debe hacer junto con la pareja, por lo que es completamente imperativo que se haga uso de la siguiente plantilla para encontrar coincidencias y discrepancias dentro de las mismas, ya que esto dará una idea de qué tantas cosas en común se tienen o no. Para aquellas preguntas que se puedan responder si o no se debe marcar con una "X" en el lugar correspondiente, mientras que en aquellas preguntas que sean de mayor desarrollo o que no puedan ser respondidas con sí o no, se ha creado el espacio "Especifique" ya que con este se pretender esbozar la respuesta correspondiente.

Preguntas	Si	No	Especifique
¿Deseas tener mascotas?			
¿Compartirás gastos con tu pareja?			
¿Quisieras tener patrimonio compartido o bienes separados?			
¿Cuántos hijos deseas tener?			
¿A qué edad deseas tener hijos?			
¿Tu boda será un evento grande o una reunión más privada?			
¿Si tu pareja se encuentra sin trabajo socavarías los gastos mientras consigue trabajo?			
¿Cómo te ves de aquí a 10 años?			
¿Te consideras alguien familiar o solitario?			
¿Eres feliz con tu pareja?			

Este cuestionario es aparentemente aleatorio, pero dentro de él se encuentra una estructura basada en las 7 razones del por qué. Esta filosofía, junto a la extensa investigación sobre las relaciones de pareja arroja excelentes resultados en la visualización a futuro.

Otro ejercicio que se realiza para afianzar el futuro en pareja es el siguiente. Se procede entonces a tomar una hora del día, hora en la cual ambas partes van a escoger uno de los puntos discrepantes del ejercicio anterior, esto se hace con la idea de encontrar puntos medios dentro de las discrepancias en la relación. Esto funciona de la siguiente manera en la cual se dejarán algunos ejemplos:

Primeramente, se ha de buscar un ambiente relajante, buscar un ambiente alejado de los oficios del día. Se puede usar para esto un espacio como la sala o área común. En segundo lugar, se debe establecer una hora fija, esto se realiza porque el ejercicio requiere de al menos una frecuencia 3 en su repetición, es decir; 3 reuniones a la semana para conseguir un avance significativo. Una vez hecho esto se toma el tema a tratar, y en este caso se hace el ejemplo con la pregunta que refiere a la boda.

Se inicia este ejercicio con las siguientes premisas:

Me encantaría que conversáramos sobre esta diferencia que se ha presentado en el ejercicio. Primero agradezco que, en aspectos importantes como (Se proceden a enlistar los puntos de coincidencia) nos llevamos bien, estamos en la misma sintonía y también nos servirá para encontrar un punto medio en (Inserte el elemento discrepante). Como sabrás, yo siento que es muy importante que ambos consigamos sentirnos cómodos y mi postura es que deseo (Aquí se coloca la forma en que se quiere tal evento) pero sé también que es prioridad para mí que tú (Se añade el deseo de la pareja) por lo que te propongo que en estas reuniones lleguemos a un punto de mutuo beneficio.

Nota: Se hablará en este punto del ejemplo de la boda para que el ejercicio sea lo más visual posible.

- En vez de hacer una reunión privada/evento grande como yo deseo, o un evento grande/ fiesta privada como tú deseas; te propongo que se haga una fiesta de audiencia moderada y que se invite a la familia y amigos cercanos solamente.
- Propongo que en vez de hacer un presupuesto basado en una cantidad de (Se ingresa el presupuesto deseado) o con uno de (Presupuesto de la pareja) sería más pertinente hacer un promedio de ambos y utilizar ese, así ambos estaremos más contentos.
- En vez de hacer el evento en (Donde se desea hacer) o donde tú deseas. ¿Por qué no mejor hacerlo en (Punto medio entre ambas locaciones) ya que cuenta con características que deseamos los dos?

Este ejercicio es extremadamente poderoso por el motivo de que busca limar asperezas entre ambas partes en los puntos no coincidentes y este es el primer paso para la resolución sana de conflictos no tan grandes en la obtención de metas. Cuando una pareja resuelve aquellas diferencias que pudieran lograr una separación, se afianza más el sentimiento que intentan construir, se refuerza este valor como equipo que se busca porque ambas partes miran hacia un punto y pese a no estar de acuerdo en todo, se entiende que no todo en el camino será ideal, no todo va a ser como se espera y que en la diferencia también radica el éxito de parejas.

Establecer compromisos de ambas partes

Compromiso de trabajar juntos

Se debe entender entonces, tras lo dicho en los segmentos anteriores; que las parejas tienen metas, y que esas metas sin pasos a seguir se transforman solamente en sueños. Se abre de esta manera esta sección que pretende mostrar la importancia de los compromisos de pareja.

Desde que un par de personas buscan formalizar una relación, buscan la forma de llegar a "algo más" con la persona con la que comparten diferentes aspectos, aparece el término de compromiso y esto puede asustar a algunos. Que se acuñe la palabra compromiso no es motivo de temor, es una palabra que debe evocar satisfacción en lo que respecta al futuro de la relación anteriormente mencionado.

No importa realmente la edad a la que se lean estas palabras, lo cierto es que al querer establecer un vínculo con esa persona especial; se viene inmediatamente la palabra compromiso a la mesa. Si se es una persona de grandes aspiraciones a nivel personal, la pareja debe tener ese mismo ideal para que la relación funcione a largo plazo, y esto es importante saberlo; estudios han demostrado que el 80% de las relaciones fallan porque al menos uno de los dos involucrados no está realmente conectado ni aferrado a la idea de un compromiso.

Algunas ventajas de tener compromisos en pareja se pueden evidenciar con el simple pasar del tiempo, siendo algunas de ellas: La carencia de miedo a perder tiempo con la persona equivocada, la ausencia de temor a malgastar dinero con las personas incorrectas, se empieza a concientizar sobre el futuro, posibles alternativas de vida y métodos para ganarse la vida, se tiene plena consciencia sobre el tiempo y cómo debe ser aprovechado.

Como se puede observar, un compromiso no es malo, sino todo lo contrario; y este como toda meta requiere disciplina. Una persona que se compromete en pareja a llevar a cabo planes es una persona determinada y con capacidad de discernir aquello que no le lleva por aquello que quiere conseguir.

En las secciones que se darán más adelante se estará comentando los problemas o inconvenientes que ocurren cuando una de las partes no da la talla con los compromisos, también algunas reglas de vivir en pareja ya que no todo está sobreentendido y luego de esto se hará una sección sobre las acciones específicas para la obtención de metas. Lo imperativo a entender en este punto es que, para poder mejorar una relación, es necesario entender que los compromisos son la base de esta mejora, ya que se pueden crear planes "infalibles", recetas a prueba de errores, pero si no se hacen las cosas con el compromiso debido será imposible lograr dicho objetivo.

¿Qué hacer cuando uno de los dos no cumple un compromiso?

Como se comentó anteriormente, las personas deben tener palabra cuando se trata de un compromiso llevado a cabo por dos partes. En la sociedad siempre ha sido mal visto que una persona incumpla con un pacto ya acordado, esto va desde ámbitos legales hasta lo que ahora ocupa este tema de lectura. Los compromisos entre parejas son tan serios como las obligaciones en el trabajo, como los pactos hechos entre partes de un acuerdo legal, es vital cumplir estos compromisos para que la relación avance, para que ambos lados de la misma se sientan escuchados y unidos en un mismo objetivo.

Existen diversas formas de hacer saber que una situación no realizada ha generado incomodidad al igual que existen formas de evitar estos incumplimientos, desde métodos preventivos hasta acciones en el momento.

Lo primero que debe hacerse cuando alguien no cumple el compromiso es tener calma. Se debe recordar que las personas no son perfectas, no se es un robot que tenga que recordar todas y cada una de las cosas estipuladas al momento de llevar a cabo metas en pareja, tal vez se haya podido olvidar, esto ocurre con mucha frecuencia y más cuando se habla de relaciones en las que están involucrados adultos con responsabilidades más allá de la relación. Entonces como primer paso o pauta para evitar que la otra persona incurra en el error de faltar a sus compromisos se debe hablar de ello. Se toma un momento para poder calmar los sentimientos negativos que se tienen hacia la otra parte por no cumplir y luego, con cabeza fría y se procede a llamar a la persona.

Una buena forma de comenzar con la charla es: *"Oye, necesito conversar contigo de algo importante. ¿Recuerdas cuando nos planteamos hacer (decir el compromiso) y estuvimos de acuerdo en que los dos pondríamos de nuestra parte? Pues bien, ese compromiso quedó invalidado por ti en el momento en el que (decir la acción que cometió la otra persona de forma cortés) y eso me hizo sentir incomodidad porque hubo un incumplimiento. La verdad es que no deseo pelear, no deseo que se tome como un reclamo o como un reproche, solamente quisiera que ambos estemos en la misma página y que podamos avanzar"*

De esta manera la persona que incumple no sentirá que es atacada por su pareja, sentirá que es y fue comprendida durante el debate mientras se le es señalado aquello por lo cual han tenido el problema.

Posterior a ello siguen los métodos preventivos, ya que este tipo de métodos buscan evitar el conflicto tomando en cuenta uno que ya ha sido suscitado.

Incentivar al cumplimiento de los mismos: Este método de prevención busca reafirmar lo consciente que se está de cada una de las pautas tomadas y que con ello se logre buscar premiar por cada vez que se cumpla un objetivo. Esto no solamente impide que las personas dejen de cumplir, sino que se aliente a la obtención de metas, se comprometan más y más con la otra persona. Para poder lograr ese incentivo se puede planificar una serie de actividades que la otra persona le edifique.

Si se plantea lograr una meta y ambos individuos se comprometen, se puede y se debe tener un plan para cuando esto sea logrado. Ese refuerzo positivo hará sentir a la otra parte que es valorada en cuanto a sus esfuerzos, y que los mismos no son tomados en vano.

Recordar los compromisos realizados: Nunca está de más que se recuerde algo prometido. Esto no debe tomarse de manera literal, ya que puede ser hostigante tener a alguien 24/7 nombrando las cosas por hacer, pero se pueden dejar notas amorosas con las cosas por realizar y siempre enfocando este tipo de recordatorios hacia las metas, nunca desde el reproche.

Imagina despertar y ver al costado de tu cama una nota que diga: "¡Amor, sé que a veces no puedes contestar el teléfono, pero valoraría mucho que cuando te des tiempo puedes responderme o enviar un mensaje, Te amo!!"

¿Gran diferencia verdad?

Y como último punto están los métodos que toman acción cuando el compromiso ya está roto o incumplido. Este método es el menos sutil, pero es eficaz, aunque tiene riesgos consigo. El método que se encuentra aquí trata de la penalización por incumplimiento.

Incumplir con los compromisos es motivo de penalizaciones. Este método busca que la pareja establezca pequeños castigos a manera de enseñanza, sin que afecte la dinámica de la relación y debe entenderse muy bien que regañar con la intención de mejorar es amar con disciplina. Si ambos se plantean una meta, como sería adquirir una alimentación más sana; lo más lógico es que si uno de los dos no cumple deba tener un castigo. Algo para aclarar en este punto es que en las penalizaciones no debe incluirse la negación, dejar de dar palabras de afecto y amor, o acciones que involucren a otras personas.

Reglas para vivir en pareja

Se puede establecer de forma general una especie de resumen en el cual se incluye todo lo que se debe hacer para vivir con la persona amada. Recordando siempre que se trata de una lista con los tópicos generales que necesita toda pareja, ésta siempre puede ser ampliada según sea necesario:

- ✓ Establecer siempre una buena comunicación
- ✓ Basar la relación en el respeto
- ✓ Tener siempre metas a conseguir
- ✓ La confianza debe existir desde el inicio
- ✓ Ser fiel el uno con el otro en todo aspecto
- ✓ Cuidar el valor a los detalles otorgados o recibidos

- ✓ Entender que la rutina no significa monotonía
- ✓ Asumir que con los compromisos vienen las responsabilidades
- ✓ Recordar que pese a estar en una relación, existe la individualidad
- ✓ Se debe cuidar la intimidad, en términos de calidad y frecuencia
- ✓ Siempre ser personas creativas, no dejar que aspectos de la relación caigan en el aburrimiento
- ✓ Se debe evitar la prolongación de una discusión
- ✓ Se deben definir prioridades y tenerlas presentes
- ✓ Ser auténticos y transparentes en todo momento
- ✓ Sentir siempre orgullo de la persona con la que están compartiendo una vida
- ✓ Valorar el esfuerzo hecho por la otra persona
- ✓ Nunca dejar de lado las fechas especiales
- ✓ Escuchar siempre a la pareja y ser su apoyo incondicional
- ✓ Ser empáticos y ayudar a crecer al otro
- ✓ Cuidar siempre la salud de su pareja y dejarse cuidar
- ✓ Al final del día recordarse mutuamente la razón por la cual eligió a la persona

Identificar acciones concretas para lograr las metas

Estas son acciones que deben tomarse con seriedad para lograr metas a corto, mediano y largo plazo. Cabe destacar que dichas acciones están relacionadas a todo lo dicho, ya que evidentemente todo lo mencionado está ligado al tema, pero aquí se hará la profundización de cada una de ellas para una mejor comprensión.

Reflexionar en conjunto: Este es el primer punto a realizar antes de tan siquiera pensar en un plan de acción basado en todo un año o, en este caso; un mes de trabajo. Antes de poder pensar en aquello que se hará, se debe tomar un tiempo en pareja para reflexionar sobre aquello que se hizo bien, aquello que no se hizo tan bien, lo mejorable o lo que se debe quitar, basando esas acciones en lo ocurrido durante su tiempo juntos. Para esto se utiliza un periodo de tiempo en el que se analiza todo lo dicho, pero en un plazo de tiempo definido, puede ser el último año, el último mes, etc. Se debe hacer esto sin emitir juicios, solamente honestidad y empatía.

Materializar un paso a la vez: Es común que una vez que las parejas han reflexionado, piensen en hacer planes para todo un año, estructurando pasos cada mes y fechas, pero esto no es necesariamente positivo. Se debe comenzar por algo pequeño, y para esto se debe recordar que las grandes acciones se forman de gestos pequeños y que en la repetición se encuentra el éxito. Si se desea tener dinero ahorrado para un viaje a final de año, es más sencillo trabajar en ello poco a poco, pensando que no son 12 ahorros, uno por cada mes, sino que se trata de unos 4 ahorros más pequeños, hechos semanalmente.

Poner los pies en la tierra: Por más que se establezcan planes, por más preparados que estén dichos planes y pasos, y que estos cuenten con rutas específicas, habrá metas que serán imposibles de lograr, al menos en el tiempo que se ha establecido. Siempre se debe tener en cuenta que los objetivos deben tener un grado de realismo ya que no se puede, por ejemplo: pensar en bajar 30 Kg de peso para navidad estando en noviembre. Esto puede frustrar a muchas parejas, ya que pueden pensar que no están comprometidas al 100% pero no es eso, se trata de una cuestión de realidad en las metas.

Organizarse: Se debe tener en mente que para que un objetivo o meta sea alcanzable requiere tiempo, esfuerzo, orden y energía por parte de cada miembro. Una manera bastante útil para poder englobar cada uno de estos aspectos es con el uso de un calendario. Ya en el pasado se ha comentado que el uso de fechas límite es vital para poder completar un hito en tiempos acorde a la obtención de una mera mayor, y esto en conjunto con el uso de premiación o penalización por cumplimiento e incumplimiento respectivamente, hacer de esta estrategia un método infalible.

Recordar siempre que se está trabajando en conjunto: Este es el punto más importante en este proceso y por eso se enfatiza aquí: ¡No pensar que se está solo en el proceso! No se debe olvidar que junto a usted se encuentra otra persona con una misma visión y sueño, y que tal vez aporte una forma para resolver conflictos que usted no imagine. Entonces no se debe enfrascar en una idea y no salir de ella o peor, no comentar aquello que le preocupa por temor a no ser comprendido, es de vital importancia recordar que la pareja ha pactado para ser incondicional y que debe velar por el logro en los tiempos establecidos, así que aportará ayuda en vez de críticas.

Construir un plan de acción realista

Al tenerse en mente un objetivo, este se debe esquematizar para que no solamente sea un sueño sin pies ni cabeza. Todo lo que vale la pena conseguir es porque previo a eso se ha tenido que pensar al menos durante breves instantes en su obtención, es por ese motivo que, como última pauta a tocar antes de continuar con el siguiente capítulo, se hará un esquema de lo que se debe hacer para lograr metas en pareja más rápidamente.

Desglosar las metas en pasos que puedan ser alcanzables

Siempre que se tiene un plan, una ruta a seguir, es necesario ver hasta qué punto se puede dividir cada paso porque no todos los pasos se van a lograr de un solo movimiento, diciendo esto de alguna manera. Para que algunos de los plazos sean cumplidos, es necesario que ciertos pasos sean separados en metas más pequeñas. Ya anteriormente se ha hecho el ejemplo de ahorrar para poder viajar, pues bien; esto aplica para todos aquellos intermedios necesarios a conseguir previos a la meta. Lo que se profundiza en esta sección es que estos pasos intermedios deben contar con dos condiciones.

Condición 1: Aquel o aquellos pasos que sea necesario o necesarios subdividir, deben contar con una cantidad de pautas lo suficientemente cortas para lograr el paso dentro del plazo establecido. Esto también está condicionado junto con la pauta 2 o condición 2 expuesta más adelante.

Condición 2: No sobrecargar los pasos intermedios, y esto es debido a que se pierde el impulso. Esta condición sigue la norma de libros sobre "cómo conseguir aquello que tanto anhelas" y es que, pese a lo poco útiles que parezcan resultar; lo cierto es que guardan consigo información valiosa que invito a leer. El ser humano, por naturaleza siempre busca el éxito en todo aquello que se propone, entonces cuando ve que algo no es conseguido pierde la motivación para seguir trabajando en ello, pero seguramente surge la duda de qué tiene que ver todo lo dicho con la condición dos. Pues bien, básicamente el impulso se pierde o porque el objetivo es muy grande y la persona se frustra o, lo que aquí ocupa; se subdivide tanto un paso que se pierde el horizonte, se pierde aquello a lo que se quería o quiere llegar.

Asignar responsabilidades

Este paso ya se ha tocado anteriormente, pero para hacer una relación con lo anterior expuesto y profundizar más en el tema se ha creado este segmento. Para establecer responsabilidades y fechas, se debe, antes que nada; afianzar fortalezas y comprender las debilidades del otro, esto se hace con la finalidad de asignar tareas que estén acordes a dichas virtudes y defectos del otro, porque no hay nada más sencillo que hacer algo en lo que se es bueno. Para establecer plazos de cumplimiento una vez que se ha asignado a cada parte su labor, es necesario contar con métodos preventivos por incumplimiento, penalizaciones, premiaciones y todo lo dicho en apartados pasados. Luego de esto se establece mediante el uso de calendarios los días en los cuales se van a cumplir los pasos para alcanzar la meta, y estos días deben ser espaciados de forma consciente tomando en cuenta aquellos pasos que requieren más de una acción.

Considerar posibles obstáculos y soluciones

Como última parte del proceso para consignar metas reales, es entender que no todo es ideal. Hasta el momento todo lo que se ha mostrado acá tiene un enfoque arraigado a que no existirán problemas dentro del proceso, pero esto no es así.

Normalmente cuando una persona, o en este caso; una pareja decide emprender una meta, lo más que conseguirá en el camino a esta serán pruebas, contratiempos, inconvenientes, problemas, como se quiera llamar. Estos problemas pueden ser más grandes o más pequeños, pero en general si no se está preparado para ello, hace que se pierda tiempo, hace que de deban plantear soluciones bajo la marcha y esto hace que se incumplan plazos y por ende la meta no se cumpla a tiempo. Para evitar esto, es pertinente que, dentro de la lista de actividades a realizar, cada uno de los encargados de las tareas asignada estudie las posibles contingencias junto a sus soluciones, esto también puede hacerse creando escenarios factibles en reuniones para así tener la visión de ambas partes y no sufrir o padecer un estancamiento.

30 metas alcanzables en un mes

Ya para finalizar con este capítulo y dar paso al siguiente, se desea mostrar esta lista de 30 cosas para realizar en un mes como pareja que harán que la relación crezca a distintos niveles.

1) Comenzar un diario juntos

2) Cambiar los hábitos alimenticios

3) Cuidar su bienestar físico con ejercicio

4) Ir a terapia de pareja (No por problemas sino por salud mental)

5) Aprender a bailar algún estilo que sea de su agrado

6) Mejorar la comunicación positiva

7) Arreglar un espacio dentro de su hogar para expandir el tiempo compartido

8) Cultivar un nuevo hábito romántico

9) Aprender a tener desapego de la tecnología y valorar el tiempo juntos

10) Ahorrar para futuros viajes

11) Conocer un sitio nuevo

12) Adoptar y cuidar de una mascota

13) Tomar algún curso juntos

14) Cambiar algún mal hábito que enoje al otro

15) Dejar algún vicio que se tenga con la ayuda de la pareja

16) Crear una rutina de limpieza y organizar el espacio donde se convive

17) Organizar horarios libres y tareas a realizar en casa

18) Comenzar una serie juntos

19) Cultivar un jardín

20) Crear un pasatiempo juntos (Armar un rompecabezas, jugar algún videojuego, etc)

21) Aprender a tocar un instrumento

22) Reavivar algún pasatiempo o pasión olvidada

23) Fomentar la comunicación con palabras de amor

24) Afianzar sentimientos con charlas motivacionales

25) Participar de los gustos de la pareja

26) Empezar un álbum de fotos

27) Hacer ejercicios de confianza

28) Establecer tiempos para cocinar juntos

29) Aprender los lenguajes del amor de la pareja y empezar a amar también a su manera

30) Decorar un espacio que recuerde los momentos inolvidables en la relación

Capítulo 3

Comunicación efectiva en la era digital

Superar los desafíos tecnológicos en las relaciones

Impacto de los avances tecnológicos en la comunicación de pareja

La comunicación es un proceso sumamente fundamental que debe existir entre las parejas que se consideran exitosas y desean llegar lejos en cuestiones de tiempo. Esta comunicación no está basada netamente en el hecho de transmitir un mensaje, está en todo el trasfondo de dicho mensaje.

Ya varias veces se ha visto que las discusiones entre pareja no ocurren porque se diga algo en lo que la otra persona difiera, lo que le hace discutir muchas veces es el tono con que esto se dice. Entonces la comunicación pasa de ser un medio para transmitir ideas a una forma de transmitir ideas y sentimientos, además de ser una manera excelente para evaluar cómo está la estabilidad emocional de las dos personas conforme pasa el tiempo.

Lo que sucede, es que la comunicación es un medio de intercambio de ideas y sentimientos que hoy en día está muriendo por el uso excesivo de la tecnología, y es normal pensar que una persona compra un teléfono inteligente o paga una buena conexión de internet satelital para poder establecer conexiones y estrechar distancias, pero muchas veces se consigue el efecto contrario.

El uso de la tecnología es referirse a todos esos aspectos que pueden dañar una conversación por estar tras la pantalla de un dispositivo de este estilo. Existen relaciones que, de no hablar acerca de lo molesto que es hablar con alguien que no presta la debida atención; se acaban porque simplemente la persona se siente; con total razón, desatendida, menos amada, y desplazada.

Se debe pensar lo que debe sentir y experimentar una persona cuando es ignorada por quien dice amarla. Este es uno de los grandes factores que destruye las relaciones en la actualidad, ya que las parejas incluso llegan a transportar dichos dispositivos a sitios de intimidad agravando aún más el problema.

Otro problema de estos dispositivos y del que menos se habla es lo impersonal que se torna una charla con la pareja cuando se recurre a esta herramienta para tener charlas prolongadas. El motivo de esto es que se suele abusar del método digital para expresar cosas que, en otras instancias sería mejor hacer de forma personal.

Para comprender un poco esto, se puede ver el caso entre Sergio y Laura. Dos personas con futuro prometedor en una relación de ensueño arruinada por la adicción a la tecnología:

"Sergio y Laura eran una pareja enamorada que tenían prácticamente todo lo que necesitaban. Habían estado juntos durante años y se habían apoyado mutuamente en todas las situaciones. Su relación era reconocida como un ejemplo a seguir por todos sus conocidos. Pero, poco a poco, las cosas cambiaron. Ambos comenzaron a prestar más atención a sus teléfonos inteligentes que a su relación.

Al principio, no parecía un gran problema. Después de todo, todos usan el teléfono para estar conectados con su familia, amigos y trabajo. Sin embargo, los mensajes y las notificaciones empezaron a interrumpir las conversaciones y las actividades compartidas. Cada vez que no tenían nada que hacer o simplemente estaban aburridos, tomaban su teléfono y se la pasaban horas tras horas en las redes sociales.

La situación empeoró cuando empezaron a usar sus dispositivos para descansar en vez de conversar antes de dormir. La cama pasó de ser un lugar íntimo y cómodo, a un espacio en el que se descansaba de forma aislada; es decir, cada uno se dormía a la hora que sentía cansancio y no lo hacían de forma conjunta. A medida que la conversación se volvió menos frecuente, la pareja empezó a sentir que se distanciaban de forma paulatina.

Un día, luego de varios meses de llevar este ritmo de vida, Sergio se levantó temprano y comenzó a hacer el desayuno. Trató de hablar con Laura acerca de los inicios de la relación y lo feliz que le hacía estar con ella (Como una manera de poder romper ese vicio tan dañino), pero ella estaba demasiado enfocada en sus mensajes de texto y no le prestó atención. Sergio se dio cuenta de que su relación estaba en peligro. Realmente intentaba cambiar... Pero Laura no le siguió el ritmo.

Fue entonces cuando sucedió lo impensable. Sergio decidió irse, consciente de que las cosas habían llegado a un punto de no retorno. Laura se sintió completamente devastada, pero ya era demasiado tarde para recuperar lo que había perdido. Su amor y su relación perfecta habían sido destruidos por el uso excesivo de sus teléfonos inteligentes."

Establecer límites y normas para el uso de dispositivos tecnológicos

Para evitar este gran mal que puede debilitar y deteriorar de forma silenciosa una relación, se ha propuesto esta serie de reglas y limitaciones en el uso de dispositivos electrónicos.

A) Como primera pauta se debe establecer que el uso de teléfonos inteligentes debe quedar completamente prohibido en la habitación al momento de dormir o intimar.

B) Otra pauta que se debe respetar es el mismo punto anterior, pero en el comedor. El momento de la comida es sagrado, se debe respetar y la charla sostenida durante ese instante debe ser cargada de interés mutuo.

C) Si una conversación va a durar más de una hora, se debe evitar usar métodos como llamadas para comunicar el mensaje. De ser posible concertar una reunión, esto lo hará más íntimo.

D) Se debe limitar el uso del teléfono a casos de emergencia durante el tiempo de calidad con la pareja.

E) Si se necesita comunicar algo breve, es más personal que el uso de mensajes escritos y no se prestará a malas interpretaciones porque en el tono de voz se podrá entrever la intención de los mensajes de voz, cosa que no pasa con el texto.

Esto que se ha comentado es respecto al uso de teléfonos celulares y la invasión a la intimidad que estos generan. Pero que se haya hecho hincapié en los celulares, no significa que sean los únicos aparatos que arruinen la experiencia de comunicación en pareja. Los televisores y dispositivos de videos son elementos distractores y para poder evitar que estos dañen la atención de la pareja, aquí se dejan las pautas a seguir:

a) Los televisores deben colocarse en áreas comunes, de preferencia, lejos de la habitación. El tener un televisor en la habitación puede frustrar la actividad sexual, por motivos de: Pérdida de interés en el acto, desconcentración al momento conciliar el sueño, etc. En vez de ello puedes usar un reproductor de sonido y poner una música suave, esto fortalecerá la conexión de pareja.

b) Si se va a usar un televisor para una serie o película, procurar que sea una programación vista y disfrutada por ambas partes. Esto puede ayudar a fortalecer los pasatiempos entre pareja.

¿Cómo controlar la ansiedad cuando tu pareja no contesta?

Cuando el problema no radica directamente en el hecho del uso del teléfono sino en el polo opuesto la medida o respuesta debe ser diferente a como si se tratase de una pareja con adicción a la tecnología.

El tener a una pareja que ha madurado en el concepto de no utilizar casi el teléfono es un reto cuanto menos interesante. El hecho de que una persona esté en su etapa de más alto valor le da un plus excepcional porque se puede estar seguro de que esta persona no va a cometer los errores de amores de la adolescencia, pero esto trae consigo algunos inconvenientes a nivel de comunicación.

Lo primero que se debe entender es que el hecho de ser una persona desprendida del teléfono no es excusa para no cumplir con las responsabilidades de una pareja. Estas responsabilidades van desde avisar sobre el estado de salud, si se ha presentado algún inconveniente, etc. La cuestión con contestar un mensaje no va de la mano del control que se puede creer que la pareja intenta ejercer, va más arraigado a la tranquilidad de esa persona que es tu pareja y desea saber que su compañero o compañera está sano, seguro y no está pasando por algún percance.

Ahora bien, si la persona que lee esto no es desprendido, sino que es la persona que se siente inquieta o ansiosa porque su pareja no responde algún mensaje, aquí van formas para calmar esa ansiedad:

- **Entrar en calma:** Se debe recordar que la persona con la que se está compartiendo es consciente de su seguridad, es responsable de todo lo que hace y lo que le sucede. No está de más preocuparse por la pareja, pero entendiendo igualmente que el hecho de que no responda no quiere decir inmediatamente que le ha pasado algo.

- **Realizar alguna actividad o pasatiempo:** No hay nada que calme mejor un pensamiento negativo que una mente ociosa. Para evitar que la mente, motivo de muchas veces grandes preocupaciones; juegue una mala pasada, es importante mantenerla ocupada.

Actividades para realizar mientras la pareja no responde y así distraer la mente:

- Realizar actividades físicas
- Cocinar u hornear algún platillo
- Leer un libro de forma casual
- Realizar alguna actividad relacionada al arte
- Escuchar la música de preferencia
- Meditar

Técnicas de respiración: Ya cuando el tiempo de incomunicación supera el estimado de lo que podría ser: Una batería baja, no tener señal en el lugar de trabajo, algún contratiempo que le impide a dicha persona comunicarse, etc. Es momento de respirar, y estas respiraciones deben hacerse de forma consciente llevando el aire durante 5 segundos de forma lenta y profunda a los pulmones, luego reteniendo el aire en un tiempo de 3 segundos y botando dicho aire lentamente hasta llegar a cuenta de 8 segundos. Esta respiración no es aleatoria, ya que busca eliminar parcialmente la velocidad a la que late el corazón eliminando de forma gradual el oxígeno en sangre y por ende la presión arterial.

Respeto en las redes sociales (likes, comentarios a otras personas y su impacto en la relación)

Ahora que se ha trabajado en la comunicación de forma amplia y bastante desarrollada, es momento de pasar a otro pilar de la relación que es primordial para la armonía de la misma. Se trata del respeto para la pareja.

En este caso el tema del respeto debe enfocarse, al tratar sobre tecnología; a temas que refieren a esta y aquí se entra en un terreno de bastantes fragilidades y temas delicados porque las redes sociales se les puede llamar "elementos privados", siendo manejados únicamente por la persona creadora del perfil. Pero, como todo en esta vida; existe siempre un límite entre los derechos de una persona y los deberes de la misma, ya que los derechos de una persona terminan donde empiezan los de los demás, y está claro que como pareja se deben establecer deberes para la comodidad de la misma.

Una persona que se ha comprometido, que ha decidido empezar una relación con otra debe realizar ciertos cambios dentro de su comportamiento en redes si realmente no quiere tener impactos negativos en su relación de pareja. He aquí los cambios más importantes a realizar para poder evitar problemas a futuro:

1.- **Los likes:** Si se es una persona que pasó de estar soltero a tener una relación y es muy ligero de dedos con los likes se debe ser más respetuoso para con la pareja. No se debería dar like a modelos masculinos o femeninos según sea el caso en paños menores, se debe evitar dar likes a los amigos o amigas que previamente la pareja ha determinado como motivo de incomodidad, y en caso de no haberlo hecho y expresarlo en el momento corregir. Este proceso de cambio debe ser gradual, tal vez en el momento no se va a lograr que la pareja cambie de forma radical, pero se debe notificar la incomodidad sentida para que se inicie dicho cambio.

2.- **Comentarios en perfiles que no son los de tu pareja:** Aquí es donde se puede decir que está el terreno delicado, el terreno escabroso porque un like en Instagram tiene un significado directo, pero los comentarios son bastante particulares, son casos que de ser necesario necesitan analizarse antes de tomar alguna acción. Si el comentario en sí, tiene un tono elevado; es decir, no tiene la intención de elogiar desde la amistad al usuario que postea la foto, el motivo de reclamo es válido (Comentarios como qué hermoso/a estás, me fascinas, estás muy ardiente, amo como se te ve ese outfit) si el comentario comprende un elogio sin ánimos de algo más, es permisible siempre que la pareja informe sobre estos comentarios y diga la motivación para hacerlos (Comentarios que son válidos como, qué bonito sitio en el que están, un saludo tanto tiempo sin hablar, luces genial te mando un abrazo)

No tiene nada de malo expresar cuando la pareja ha rebasado un límite, y más cuando se trata de un límite arraigado al respeto. Si se está con alguien, si esta persona comparte metas afines no se puede empezar a fallar en la relación omitiendo detalles como que es incómodo que otras personas reciban la atención que únicamente debe ser para uno, esto es lógico pero muchas veces lo más elusivo es lo más evidente.

* Recuerda que todos estos tips deben partir de la comunicación, ninguna pareja es perfecta, solo se trata de buscar aquel común denominador que viene afectando a más parejas y por ende mitigarlo y construir parejas sanas

Establecer límites y reglas para el uso de la tecnología en pareja

Crear momentos sin celulares o dispositivos electrónicos

Ya dicho todo lo bueno y lo malo de los dispositivos electrónicos es momento de retomar aquello que se dijo en el inicio del capítulo... La comunicación.

Es imperativo que pese a lo bueno que pueda ser tener un smartphone, se deje en claro que el uso de él puede estropear los momentos cosechables en pareja. Para poder erradicar esto, se ha decidido mostrar la manera en que se consiguen lograr momentos espectaculares sin el uso de teléfonos inteligentes.

I. Ver una película en el cine: Es de las experiencias más divertidas, se crean momentos de mucha intimidad y cercanía con la pareja con el añadido de que se puede prescindir del uso de teléfonos por políticas de estos establecimientos.

II. Paseos al aire libre o excursiones: Esta es otra actividad que promete crear experiencias maravillosas y para la que el uso del teléfono puede restringirse, pero requiere de un compromiso desde ambas partes.

III. Planificar una cena romántica: Este es otro gran plan que puede permitir generar una conexión genuina durante un instante no tan extenso como los planes anteriores pero que es poderoso a nivel de intimidad.

Y así como estos, existen diversos planes que pueden generar momentos maravillosos y no requieren del uso de tecnología. Ahora bien, la razón por la cual la tecnología vuelve tan incómoda un momento de parejas es por el motivo que muchas personas no suelen dar un no como respuesta.

Muchas veces en el trabajo existe el superior tedioso que empieza a llamar a altas horas de la noche, existen familiares incluso que suelen molestar a altas horas de la noche.

Fomentar el tiempo de calidad y la conexión cara a cara

Algo un poco ligado a lo anterior mencionado sobre el tiempo de calidad sin ningún tipo de dispositivo es el uso de tiempos específicos y que se encuentren diseñados para la generación de interacciones de calidad entre las partes. Aunque esta sección se esté posicionando acá, cabe la pena resaltar todo lo que se ha hablado anteriormente, sobre los tipos y métodos para pasar el tiempo de calidad.

Lo que se debe hacer de manera regular para poder incentivar a este tipo de encuentros y a su vez mejorar el tiempo de calidad es trabajar en cronogramas que propicien los tiempos libres coincidentes de las dos personas. Es imposible que una persona pueda tener tiempo de calidad con otra si siempre están ocupados en sus compromisos.

Para poder solucionar esto, se propone que se establezca al menos 1/2 hora durante el día en espacios de día por medio. La idea de esto es motivar la charla, realmente no importa si se cree que durante el día no ha habido un evento que se necesite comentar, debe estar seguro o segura que cuando el momento de la charla llegue habrá de qué hablar.

También puede ayudar al hecho de tener momentos cara a cara el utilizar los momentos de la comida, generalmente los almuerzos y cenas para poder hablar de temas que alguno de los dos desee compartir. No tiene que ser siempre una situación importante, basta con plantear ambos el tiempo de conversar y eso será lo único que hará falta.

Fomentar la convivencia sin dispositivos también ayuda a comprender algunos problemas o situaciones que puedan estarse presentando a nivel de relación y no se esté notando. Muchas veces un simple "Te noto diferente, habla conmigo" puede hacer una gran diferencia, pero esta frase tiene mucho más poder y sentido cuando se dice en la privacidad y completa conciencia de la otra parte. No tiene el mismo efecto comentar a la pareja que está extraña con un móvil en las manos y atendiendo vídeos en redes sociales, que hacerlo mirándole fijamente a los ojos y tomando sus manos.

Ejercicios prácticos para desconectar

Nombre del ejercicio	Descripción	Duración o tiempo estimado de desconexión
Desconexión prolongada	Se trata de buscar un tiempo en el que se va a prescindir directamente del teléfono celular. Puede hacerse que este tiempo coincida con un viaje de pareja y así apoyarse mutuamente.	De 1 a 3 días al menos una vez al mes
Desconexión digital en cortos periodos	Este ejercicio está enfocado para aquellas personas que no pueden consignar vacaciones y es un método para quienes buscan abstenerse en tiempos no tan prolongados debido a su necesidad de mantenerse comunicado.	De 1 a 8 horas semanalmente
Meditación	Este método es eficaz y disciplina a la mente, se basa en tomar el tiempo de estar consigo mismo. Se puede hacer uso de música relajante y dejar ir cualquier pensamiento.	30 minutos al día, al menos 3 días de la semana
Lectura activa	Esta es otra de esas técnicas que influyen en el comportamiento del cerebro. Este músculo es sumamente activo y si se mezcla con pensamientos ociosos se tiene	1 hora a hora y media por día

	la mezcla para la adicción al teléfono. Por eso mismo se debe tomar ese tiempo para leer un libro. Evidentemente el libro no debe ser sumamente denso, solamente debe contar con la premisa de que debe leerse a una hora determinada por el usuario y cumpliendo con el tiempo establecido, sin importar si se avanza poco o no.	

Capítulo 4

Reconstruyendo la confianza en pareja

Identificar las causas de la falta de confianza

Es el turno ahora de la confianza, es tiempo de reparar esos traumas que en el pasado hizo sentir que una relación, del tipo que fuere; no merecía la pena. El capítulo pretende empezar así por motivos de que no toda relación que sea de índole sentimental va a tener problemas si una de las partes desconfía, sino que todo aquello que implique la interacción más allá de lo profesional será complicado, y acá se explicará esto con mayor detalle.

Una persona puede tener diferentes traumas, heridas y problemas del pasado que le impidan desempeñarse bien en cuanto a las relaciones interpersonales propiamente dichas, ya que si tiene a su pareja y esta realiza alguna acción sin intención como dejar de contestar un mensaje porque está en el trabajo, si casualmente olvida avisar que llegó a casa, si simplemente demora un poco más en llegar a su destino, etc. Puede desencadenar en una serie de pensamientos en la otra persona que sobrevendrán en peleas y discusiones. Pero esto no acaba allí, también puede tratarse de una amistad, una relación con familia; es decir, estos problemas de confianza siempre serán extrapolables a cualquier ámbito de la vida de una persona con problemas de confianza. Por tal motivo, antes de pasar a hacer ejercicios que mejoren en tal aspecto a una persona así o acusar sin entender, lo primero es justamente eso; entender la causa de lo que esta persona ha transitado y comprender lo que le ha llevado a ser desconfianza, y esto puede deberse básicamente a 3 aspectos:

Mentiras pasadas

Las mentiras y engaños inusitados en el pasado son la causa principal por la que una persona puede cerrarse de buenas a primera cuando empieza a salir con otra persona. No importa lo transparente que sea esta persona nueva, lo abierto y receptivo que sea a mostrar todas y cada una de sus acciones con tal de ver a esta persona sin el miedo a ser dañada. Este miedo que posee la persona está arraigado a su ser, porque este daño no tiene que ver con la pareja actual sino con situaciones antiguas. Este fenómeno se da en la mayoría de casos cuando existe una relación previa a tempranas edades y los hechos aseguran que así es porque es en este rango de edad, comprendido entre los 12 y 16 años; las personas no están conscientes del daño que se puede hacer si se dice una mentira, si se traiciona la confianza de alguien o si se falta el respeto en términos de confianza a la pareja.

Falta de transparencia y secretos

Ya en este punto la situación cambia drásticamente porque la persona que está generando el sentimiento de desconfianza en su pareja es aquella que falla, el problema no reside en conductas pasadas de otras personas. El ser alguien misterioso, de muchos secretos e irónicamente, desconfiado con la misma pareja; genera justamente eso… Más desconfianza.

No se puede pedir a una persona que tenga confianza en uno si a su vez somos personas que no confían, que deben guardar secretos o decir pequeñas mentiras hacia la pareja. Está mal, es una idea errada pensar que entre parejas debe haber secretos porque el pilar; o más bien, uno de los pilares fundamentales de toda relación que se considere sana, fructífera y longeva es la confianza. Los secretos no tienen niveles para ser aceptables; es decir, no porque una persona guarde el secreto que le gusta a otra persona de su trabajo teniendo ya pareja es menos grave que otra que haya cometido adulterio. Es el mismo tipo de sentimiento que se va a generar en la pareja si llegase a enterarse.

Traiciones emocionales o físicas

Este último punto hace referencia a aquello que trascendió a una infidelidad. Se trata de la traición de una persona hacia su pareja del más bajo nivel.

Una traición sentimental ya ha ocurrido en el momento en el que una de las partes comienza a prestar atención a otras personas, pero aún no se ha hablado con ella. Esto quiere decir, que la pareja del victimario va a padecer una traición emocional sí: Se le da like a publicaciones de otras personas con ánimos de cortejo indirecto, si se comenta en fotos de otras chicas o chicos cosas que solamente deberían decirse a la pareja, si existen chats subidos de tono con otras personas, si se encuentra que la pareja sigue páginas de hombres o mujeres, según sea el caso; en poses sugerentes o con poca ropa, etc.

Por otro lado, está la traición física, siendo este tipo de traición la más común de todas y es cuando la pareja infiel llega a cometer adulterio propiamente dicho en contra de quien dice amar. Aunque una infidelidad comienza a ocurrir desde que la persona oculta un mensaje, una llamada, un comentario de otra persona, entre otras cosas; el adulterio se da en el momento que esa persona llega a establecer contacto físico con otro que no es su compañero de vida.

La razón por la cual se dijo al inicio que tanto la traición emocional era y es igual de grave que una traición física es porque en ambos casos se está faltando a los principios establecidos de una relación sana, que es el respeto, la lealtad y la fidelidad. No importa si hubo contacto o no, si hubo intimidad o no con otra persona, ya que en el momento que se aceptó esa salida, que se dio ese chat; hubo traición.

Y para muestra deseo que todas aquellas personas que pensaron en traicionar la confianza de su pareja se hagan la siguiente pregunta: ¿Perdonarías eso que estás a punto de hacer?

Se puede asegurar en este punto que la respuesta será un rotundo NO. Entonces, es de agradecer que todo aquel intento de infidelidad sea pensado de antemano, porque nunca es tarde para arrepentirse ni tampoco para hablar cuando no se siente lo mismo de antes.

La falta de confianza puede destruir poco a poco una relación, pero si la pareja es consciente de que existe desconfianza por factores ajenos a ellos puede salvarse dicha relación.

"Bill era un hombre desconfiado en el amor, debido a traumas del pasado provocados por sus relaciones anteriores. Este hombre de apariencia tosca y dura, era un ser lastimado y sensible que temía ser lastimado de nuevo y por tal motivo no quería sentirse vulnerable nuevamente y estaba convencido de que nunca podría encontrar a alguien que lo amara sinceramente. Había estado solo durante mucho tiempo y a menudo se refugiaba en su trabajo para no pensar en el pasado.

Un día, en una fiesta de amigos, Bill conoció a una mujer llamada Sofía que era una mujer respetuosa, amable y muy apacible. Pronto se hicieron amigos, pero Bill seguía manteniendo su escepticismo y es normal, no quería ser herido de nuevo. Sofía fue muy persistente y poco a poco logró ganar la confianza y la amistad de Bill.

Sofía quería demostrarle a Bill que podía confiar en él y que no tendría que sentir miedo de ser vulnerado nuevamente. A medida que pasaba el tiempo, su amistad se fue convirtiendo en algo más. Sofía le demostró a Bill que no todos los hombres eran iguales y que había alguien dispuesta a amarlo incondicionalmente. Bill experimentó en este proceso una cantidad innumerable de sentimientos nunca antes percibidos y no sabía cómo actuar, estaba acostumbrado a protegerse y ahora se sentía desprotegido, aunque sin la necesidad de estarlo por alguna extraña razón. Sin embargo, siempre estaba Sofía para apoyarlo y hacerlo sentir seguro.

Poco a poco, Bill comenzó a dejar de lado esa coraza sentimental, se abrió y compartió sus miedos y traumas con Sofía. Al principio fue difícil de entender, pero siempre escuchó a Bill y trató de apoyarlo en todo lo que estaba a su alcance. Ella no quería cambiar a Bill, solo quería amarlo por la persona que era.

Después de un tiempo, Bill se dio cuenta de lo afortunado que era al tener a Sofía en su vida. Comenzó a sentirse más cómodo con su compañía, se abrió a la oportunidad de ser vulnerable y poco a poco aprendió a amarse a sí mismo. A medida que su relación se profundizaba, Bill se sintió más feliz y seguro y aprendió a confiar en el amor gracias a la empatía y paciencia de Sofía.

Finalmente, Bill comprendió que el amor y la confianza no se construyen de la noche a la mañana, sino que requiere un compromiso de ambas partes."

Implementando estrategias para recuperar la confianza perdida

Abrir espacios para la comunicación honesta

Una vez que se ha establecido cuál ha sido el o los motivos por los cuales la pareja muestra signos de desconfianza es momento de pasar a las estrategias desarrolladas para mejorar en aspectos de la honestidad de parejas y erradicar ese sentimiento tan abrumador para ambos. Lo primero será establecer canales para la charla honesta, para la comunicación sincera.

Para comenzar con una comunicación honesta, se debe seguir el siguiente ejercicio:

- En el espacio creado para comunicarse, se debe comenzar enumerando cada una de las cosas por las cuales están junto al otro en lo que respecta a planes a futuro y metas individuales, etc.

- Posterior a eso, se dice lo que cada uno ama del otro. Estas cualidades a nombrar deben ser aquellas que desde el principio encantaron. Esto puede ser su capacidad de resolución de problemas, su carisma, su empatía, su humildad, etc. La cuestión es que se debe ser conciso y nombrar tanto cualidades como valores de la persona.

- En este punto es momento de abrirse también en aquellos aspectos que no son del agrado y que atañan a la otra persona. Si es posible se debe repasar aquellas lecciones de la comunicación en las que se habló de las palabras de reproche para evitar caer en un conflicto. Una vez hecho esto se puede realizar el comentario de todos aquellos defectos tanto de carácter como sentimentales, esto es con la finalidad de mejorar.

- Cómo cuarto punto se hace una inspección de las cosas que se han hecho bien durante la convivencia, esto apuntando a lo que hace la otra parte. La idea es sincerar todo lo que está bien y todo lo que está no tan bien, para saber en qué mejorar y para saber qué se hace bien, es una especie de reconocimiento.

- Al llegar a esta pauta no se puede decir directamente lo que no está bien, allí cada parte se hará responsable de su mejora y dirá: "Sé que he fallado en (Enumera las cosas que conoce que están equivocadas) sin embargo, no lo sé todo y quisiera que con tu ayuda me dijeras aquello que no tengo acertado en la relación con la finalidad de mejorar". Esto mismo lo hará la otra persona.

- Por último, al final de cada charla se llevará en el cuaderno de ejercicios prácticos una serie de actas en las cuales se tome nota de todo lo dicho para que quede asentado, recordando que las palabras sin base son llevadas por el viento.

Establecer expectativas realistas y claras

Lo que se debe corregir una vez que se ha tratado el tema de las metas es reestablecer dichas metas y hacerlas un poco más claras y realistas. Esto es porque muchas veces, en el calor del momento; se puede pensar que una serie de pautas y compromisos son logrables y esto puede ser así, pero la cuestión con esto es que muchas veces no lo son en el tiempo estimado.

Para poder estimar lo factible que será una meta, se deben generar una lista de respuestas con preguntas como:

¿La meta es divisible en pasos realizables en el tiempo que he estimado?

¿La meta que me he planteado cuenta con los posibles contratiempos que se van a presentar?

¿De presentarse dicho contratiempo o contratiempos podré o podremos solventarlos con nuestras habilidades?

¿Puedo ir construyendo la meta por partes en vez de verlo como un solo gran proyecto?

Este es un pequeño ejemplo de las muchas preguntas que pueden hacerse al momento de plantear metas realistas o no. La cuestión sobre todo lo relacionado a metas está en capítulos anteriores, los cuales pueden ser leídos nuevamente en caso de dudas. Es imperativo saber que ambas personas deben estar en la misma sintonía y recordar que son dos contra el problema.

Cumplir con los compromisos asumidos

Este capítulo ya se llevó a profundidad y se dio una serie de métodos para que cada compromiso sea llevado a cabo con toda seriedad. Una vez dicho esto, se debe recordar que cada una de las pautas que se plantea una pareja se cumple en la medida de lo posible, la razón de esto es porque los compromisos cumplidos son como tablas, pero para entender esto se debe conocer la analogía de la tabla.

Analogía de la tabla

El noviazgo, el matrimonio, las relaciones en general se basan en la superación en conjunto. En este mundo, se debe pensar que se está en el mar y que se necesita crear una especie de balsa o barco para que, el mar (que en este caso son las frustraciones, los problemas, el desánimo y sentimientos negativos) no hunda a dicha pareja. Entonces se puede ver como la pareja, en conjunto clava tablones de madera para poder fortalecer la balsa en la que se encuentran. Como todo mar, a veces está calmado y otras veces se llena de lluvias fuertes, tormentas, etc. Lo lógico sería poder estar resguardados, entonces en este caso ese resguardo se establece con cada tabla que vendría siendo un compromiso o meta cumplida por ambas partes.

Fomentar la honestidad y la transparencia en la relación

La apertura emocional y la vulnerabilidad

Esta acción es un avance a grandes pasos dentro de la madurez de una pareja estable. El simple hecho de que existan roles que haya que cumplir según la sociedad trunca mucho lo que la pareja puede dar, el potencial real de las partes de la misma. Se empieza por la idea de que en la relación existe una serie de obligaciones que deben cumplirse según el género. A groso modo, lo que una mujer debe esperar de un hombre es que este sea una roca dura e indiferente sin ningún tipo de sentimientos que solamente cumpla con su labor de protección y la mujer debe ser apta para la procreación y el cuidado de la higiene del hogar.

Las personas deben cambiar este patrón y más cuando se va a tomar el camino de la relación de parejas y la razón es que cuando esta creencia anticuada queda afianzada, se genera a su vez y de forma imperceptible una barrera sentimental enorme. Los problemas se van a presentar cuando la mujer, en su papel o rol dictado por la sociedad desee expresar sus sentimientos y el hombre, en el mismo papel no muestre ningún tipo de sentimientos.

Otros problemas que se presentan debido a esto es que reprimir sentimientos es motivante de ataques de ira. No es posible cuantificar las veces que, dentro de una relación ha habido problemas de violencia porque el hombre ha desquitado su rabia o enojo del momento golpeando una pared, lanzando un objeto contra el suelo, etc. Esto se debe a los altos niveles de estrés que produce cuando no deja fluir todos los sentimientos de diferentes índoles.

Establecer una cultura de confianza y honestidad mutua

Para establecer entonces confianza y honestidad como un ritual diario entre ambas personas y que esto no se vea como un compromiso, no basta solamente con seguir pautas. El hecho de que una persona lea este libro y comience a practicar algo sin tener el sentido de pertenencia y pensar que es lo correcto, solamente es una solución temporal.

Para poder generar sentimientos reales en cada ejercicio realizado se debe comenzar con acciones pequeñas que construyan un puente entre ambos individuos.

Especifica tus acciones poco a poco: Esta es una manera de comenzar a cultivar la confianza en la otra persona. Cuando se está iniciando el día no hay nada mejor para la pareja que avisar, con un lindo mensaje de buenos días, seguido de lo que se hará durante ese momento. "Buenos días amor, espero hayas amanecido muy bien. Ahora me encuentro haciendo desayuno para ir a trabajar. Quiero que sepas que te amo, dime un poco de tu día ¿Qué harás hoy?" Este mensaje es una muy buena manera de poder generar en la otra persona confianza.

Otro mensaje que también puede funcionar a niveles de confianza es el que se envía al momento de finalizar una jornada laboral, también funcionan mensajes de buenas noches, etc.

Invitar a la pareja a eventos familiares: Tal como sucede con lo anterior, esto puede funcionar en la mayoría de casos ya que, si la persona ha sufrido alguno de los traumas que se mencionaron anteriormente, lo más probable es que esta persona sienta miedo si su pareja no la muestra en su círculo cercano. Para poder solucionar esto, se comienza con un evento pequeño, no tiene que ser una cena importante, con una reunión de un día festivo puede funcionar.

Comunicarse bajo el lenguaje del amor

Y como última pauta para formar raíces fuertes y sanas entorno al amor y la confianza se tiene este paso, y es hablar desde el amor y los lenguajes de este que cada uno posea. Ya anteriormente se explicó que no solamente existe un solo lenguaje para demostrar amor y que el desconocer los lenguajes que usa la pareja puede generar frustración e incomprensión porque puede que alguno de los dos no llegue a sentirse amado, sin embargo; una vez que se ha esclarecido el panorama toca aprender cómo se ve el amor según la pareja para hacerle sentir eso.

Aclarando un poco lo que respecta al amor existen los siguientes lenguajes del amor:

- Amor en palabras
- Amor de contacto físico
- Amor en actos de servicio
- Amor en detalles
- Amor en regalos

Es importante aclarar cuál de ellos es el usado por la pareja que se tiene y también el usado de forma personal. Esta es una cuestión compleja ya que entra en juego un poco el orgullo de parejas malsanas, en el que, si una persona no da, la otra tampoco.

Siempre debe hablarse todas y cada una de las incomodidades que existan y más cuando se trata de una forma de comunicarse. Y recordar también que dentro de los problemas que existan se debe tratar todo lejos de las palabras de reproche o reclamos, entender que estar con alguien es un privilegio y no un sacrificio puede marcar la diferencia entre construir una relación saludable o una relación con los días contados.

¿Estas disfrutando de este libro?

Si estas disfrutando este libro y estas encontrando un beneficio en él, me encantaría recibir tu apoyo

Espero que puedas tomar un momento y dejar una reseña honesta

¡Gracias por tomarte el tiempo!

Tu reseña realmente hace una gran diferencia para mí

Capítulo 5

Resolviendo conflictos de manera constructiva

Resolución de conflictos para parejas

Comunicación asertiva y no violenta

En este capítulo se estarán tratando temas importantes ya que se basa en la resolución de conflictos y diferencias que pueden derivar en discusiones. Como pauta principal se establece que el camino de la palabra es la base de todo y con esta premisa inicia esta primera sección del capítulo.

Se debe recordar que la legibilidad o comprensión de un mensaje se basa en su totalidad en la claridad de dicho mensaje. Este mensaje debe contar con su esencia de forma explícita, ya que de lo contrario puede generarse una mala interpretación del mismo.

Ahora bien, ser una persona asertiva no debe ser motivo para convertirse en una persona agresiva con las palabras, ya que esto es un error común en personas que no han practicado antes la comunicación asertiva.

Ser asertivo al momento de comunicarse requiere de encontrar la razón por la cual se está diciendo algo y decirlo sin llegar a herir. Ha de imaginarse por un momento que es causa de enojo que la pareja deje la tapa del baño levantada (Siendo este, un error común en hombres) y en este caso, la mujer debe reclamar; pues bien, para ser asertiva no debe herir los sentimientos de la pareja ya que comunicará el mensaje, eso es muy cierto, pero también es cierto que ocasionará que su compañero se cierre sentimentalmente.

Una buena manera para evitar esto es decir "Oye, amor. Sabes que me di cuenta que dejas la tapa del inodoro levantada, me gustaría que evites hacerlo por favor, porque me siento incómoda cuando eso sucede. Y gracias de antemano por escuchar mis inquietudes".

Aunque esta frase se ha dicho a lo largo de todo este libro, no está de más recordar esto de no hablar nunca con palabras de reproche. No existe peor manera de comunicar algo que se sienta como un reproche, ya que no existe forma en que la persona increpada sienta que se le está corrigiendo desde el amor. Con amor y comprensión cualquier persona puede cambiar lo que le hace herir a su pareja si realmente existe amor mutuo.

Un ejemplo de este tipo de charlas entre parejas podría verse de la siguiente manera:

Juan: *Hola, amor. ¿Te molestaría si yo saliera con mis amigos esta noche?*

María: *Hola, Juan. Para ser honesta, hoy está siendo un día un poco difícil para mí. ¿Sería posible que aplazáramos un poco tu salida con amigos?*

Juan: *Claro, amor. No hay problema. ¿Hay algo en particular que te preocupe?*

María: *No en particular, es solo que he tenido un día largo y difícil en el trabajo, y no me siento muy bien hoy. Preferiría que estuviéramos juntos esta noche si eso está bien para ti.*

Juan: *Perfecto, entiendo completamente. Podemos planear algo en casa, preparar una cena juntos o simplemente relajarnos juntos en el sofá. ¿Te parece bien?*

María: *Eso suena genial. Me encantaría hacer algo juntos esta noche.*

Juan: *Genial, entonces planifiquemos algo especial. Me alegra que hayamos podido hablar abiertamente y llegar a una solución juntos.*

María: *Sí, también me alegra que puedas comprender mis necesidades en este momento. Es importante para mí que podamos hablar de manera abierta y honesta.*

* En este punto puede observarse que María ha sido completamente clara con sus intenciones para con Juan, quien ha accedido a su petición al entenderla sin sentir que ha sido violenta o invasiva con su persona.

Escucha empática y comprensión mutua

Otros dos términos que convierten a la relación en una relación que se disfruta y no se sufre, que lima las asperezas y hace que compartir tiempo no deba ser motivo de temor o angustia... La empatía y la comprensión.

Empatía por la pareja puede tener distintos significados conforme se enfoque de un punto de vista u otro. Generalmente puede tomarse como empatía todo acto que se piense previamente poniéndose en los zapatos de la otra persona. No es lo mismo soltar un comentario y luego darse cuenta de que éste ha dañado a la pareja que prever esto para no hacerlo.

Una persona empática es aquella que pese a lo mal que se pueda sentir por alguna acción de su compañero, esta intente no herir porque sabe que el amor es capaz de curar situaciones y no agravarlas. Para practicar la empatía se puede desarrollar este pequeño ejercicio en el que se marca con una "X" aquello que se sienta como correcto y acorde a los resultados obtenidos (Más respuestas afirmativas o negativas) tomar una acción disciplinaria con mayor o menor severidad:

Pregunta	Si	No
¿El sentimiento que tengo luego de esa actitud será permanente?		
¿Mi pareja hizo esto adrede para herirme?		
¿Lo que me hizo mi pareja se puede solucionar hablando?		
¿Cuándo le he dicho anteriormente algo a mi pareja me ha comprendido?		
¿Vale la pena pasar horas enojado/a por esta situación?		

Si de estas 5 preguntas, al menos 3 arrojan respuestas inclinadas al perdón o la reconciliación, entonces se debe tomar una actitud más empática con la persona y buscar mediar, nunca se debe anteponer el orgullo porque esto lo que hará es debilitar cada parte de la relación de forma poco visible. Si es el caso contrario, es momento de ser asertivos y pese a esto no dejar de lado las palabras de amor, aunque se procede a ser firme en la postura de no dejar que esto se vuelva a repetir, sea lo que sea y por la razón que fuere... "El amar no es dañar", esto debe ser recordado.

Corregir en privado y defender en público

Dentro de una relación deben existir diferencias, esto lo dicta la naturaleza humana. Desde que las personas deciden juntarse existe una alta probabilidad inevitable que estas personas lleguen a discrepar en su día a día. Lo que sucede con esto es que se debe entender que una pareja siempre confiará en que su compañero lo apoyará o la apoyará, entonces bien; no se puede fallar a esta premisa porque el corregir de forma directa trae consigo inconvenientes. Debe pensarse en este momento a través de la comprensión y la empatía que la persona busca a alguien que comparta su pensar y, esa persona es uno mismo; entonces si se contradice a dicha persona en público va a sentir que es traicionada por la única persona en la que confía.

Ante la mirada de los terceros y ajenos a la relación, una pareja es un equipo y, como todo equipo; todas las partes deben estar apuntando hacia la misma línea, esto se ha dicho de forma insistente a lo largo del libro y las personas detallistas seguramente lo han notado. Para poder corregir entonces, el individuo en cuestión debe evitar exhibir aquello por lo cual difiere en público con su pareja, pero sin dejar pasar la oportunidad de, mediante el amor; hacer saber el descontento, diferencia o discrepancia en privado.

Se puede practicar la corrección de forma tal que la persona se sienta amada y no juzgada. Esto se logra realizando algunos de estos ejemplos:

- Llamar a la persona luego de exponer el punto a un sitio más privado para hacerle saber que no se está de acuerdo, pero sin dejar que otros vean la diferencia.

- Si el tema que se está hablando es controversial y no se está de acuerdo, no hay que demostrar ese desacuerdo allí. Más adelante en casa se podrá hablar del tema y llegar a puntos medios.

- Si es posible se establece una señal que ambos puedan entender, y en caso de que se les pregunte algo y la otra persona desacuerde hacerle saber de forma discreta.

¿Cómo pensar fuera de mi realidad y mi sentir?

Cuando hay un comentario que se ha interpretado de mala manera, o existe alguna acción que ha afectado de manera emocional al propio ser, se tiene que tomar acción sobre la emoción… Pero esto se debe entender de forma más clara.

Existe un inconveniente bastante grande en la mayoría de personas y es que casi todos se dejan guiar por la emoción. Esto es algo que se ha tratado en diversos temas, no solamente en el que relaciona a la convivencia de parejas sino a la conducta humana en sí.

Existe una forma de pensar y actuar que la mayoría de individuos practican y es el de: Situación, emoción y acción.

Cuando una persona bajo el estado que se ha mencionado anteriormente es coaccionada, es muy fácil para ella sentir que luego de una situación sus sentimientos afloren de la manera en que puedan salir y que dada esas emociones sus acciones se vean manifestadas. Ahora bien, lo que sucede con esto es que al dejar que la emoción domine una acción, la persona se vuelve reactiva. Una persona reactiva no es alguien constante ni estable ya que deja llevar cada acción por su estado de ánimo.

Para poder solventar esto, la persona debe ser analítica. En este libro se han dado distintos ejercicios y uno de ellos es el de la sección anterior, este funciona de maravilla y puede realizarse al recibir alguna acción que evoque sentimientos poco positivos. Esto dará unos minutos para la reflexión y ocasionará que la respuesta a la situación sea racional y no emocional.

El ser racional busca que su acción determine la emoción que siente. Esta premisa es bastante complicada de lograr, ya que se busca que el que una situación traiga consigo pensamientos negativos la acción en respuesta sea desapegada de ese sentimiento en principio, ya que con el tiempo la idea es que una acción, por más negativa que sea la situación genere sentimientos positivos o cuanto menos que sean neutros. Se debe tener en cuenta en todo momento que una persona racional estará bajo menos presión que las personas reactivas.

Estrategias de compromiso y negociación

Identificar y satisfacer las necesidades de ambos

Este punto va enfocado ahora en aquello que llena a la persona con la cual se está compartiendo el día a día. Para poder avanzar como pareja se debe conocer las cosas que pueden llenar a la otra parte, se debe entender que existen y existirán ese tipo de situaciones que solamente haga feliz a la otra persona y no solamente sea algo de felicidad propia y egoísta. Para poder conocer esto, se establecen charlas tal como se ha dado a ejemplificar en capítulos anteriores. Para establecer lo que edifica a una persona se puede hacer uso de la escucha activa y el tiempo compartido de calidad para mostrar a la otra persona una serie de actividades que son del agrado propio.

Actividad para hacer juntos

Para poder llevar a cabo esta lista se debe tomar una hoja en el cuaderno de ejercicios y colocar de título "Cosas que me hacen feliz" y hacer esta lista. No es necesario realizar esta lista de forma muy elaborada, ya que la idea es que estas actividades salgan de forma espontánea, porque se debe recordar siempre que la idea es compartir. Una vez que cada uno haya llenado su lista, para la cual se tendrá un lapso de tiempo de 20 minutos, entonces se hará entrega a la otra persona de dicha lista y se dará un tiempo de 10 minutos para que cada uno, en silencio; lea la lista de la pareja y con el uso de un lápiz vaya marcando con un "check" aquellas actividades que coincidan con el gusto propio. Esto tiene dos funciones, la primera es encontrar las primeras actividades a realizar que los haga felices a ambos y la segunda, priorizar desde la perspectiva del otro aquellas cosas que puede hacer para que su pareja se sienta feliz.

Con todo esto realizado, se estará asegurando un mejor conocimiento de los gustos tanto personales como los de la otra persona. Y esto, aunque parezca increíble se ve mucho, personas que al ser interrogadas sobre aquello que les interesa no saben responder.

Buscar soluciones de ganar-ganar

Esto se tocó de forma algo superficial en la sección anterior, ya que al seleccionar una actividad que a ambas personas les guste es un ganar-ganar, pero esto se puede llevar más allá y aquí se explica de una mejor manera. Cuando la relación avanza hasta ciertos niveles, es normal que en un punto las cosas que uno u otro desee hacer genere una satisfacción grande pero que cuando esto se pueda hacer con la pareja, así no sea del todo como se ha pensado se vuelva una experiencia más gratificante. Pues bien, esto es lo que se busca en esta sección.

Las experiencias de pareja cuentan como anécdotas que forman lazos entre las dos partes. El ser una persona individualista no trae más que anécdotas aburridas, pero si realmente se desea avanzar como un equipo, las experiencias vividas deben ser aquellas que evoquen un recuerdo de la otra persona.

En este caso práctico se hará un uso diferente de la lista anteriormente elaborada para lo siguiente. Se ha de colocar cada actividad en la que ambas partes estén en desacuerdo, al lado de ella se podrán las adaptaciones que haría cada uno para poder realizarse según el criterio y luego de eso generar la nueva actividad. Por ejemplo, si uno de los individuos gusta de ir al ballet, pero el otro no es fan de este tipo de actividades se podría sumar a esa actividad una cena posterior al ballet, así se estaría generando una situación ganar-ganar.

Actividad original	Cambios que harías	Cambios que aceptaría tu pareja	Actividad resultante

Establecer acuerdos claros y realistas

Otra cosa que se debe tener en cuenta y que anteriormente se ha estipulado es establecer pautas realistas. Cuando se habla de acuerdos claros y realistas es que ambas personas busquen poner límites en aquellas cosas que saben que no se pueden negociar respecto a algún tema concreto. Los acuerdos pueden establecerse de muchas maneras, pero lo que concierne a pautas que se deban cumplir deben estar caracterizadas por ciertos requisitos.

Requisitos para poder establecer metas y acuerdos realistas:

- Se debe tener presente que todo acuerdo no debe invadir los derechos de la otra persona.

- Si es una meta compartida se debe hacer uso de lo aprendido en la sección de compromisos junto a los ejercicios.

- No se puede fallar en dichos acuerdos. De ser así se debe revisar la sección de penalizaciones y métodos preventivos.

- Recordar que, en caso de cumplirse cada acuerdo desde ambas partes, se puede celebrar conforme a lo visto anteriormente.

- Hacer uso del libro de actas en el cual han de anotarse todos los acuerdos realizados para recordarlos o traerlo a capítulo en caso de incumplimiento.

Cuando ya se tiene cada requisito expuesto con anterioridad, es momento de realizar el siguiente ejercicio práctico para afianzar aquellos acuerdos.

Ejercicio para establecer los acuerdos de mutuo beneficio:

Se realiza un estudio de aquellas cosas que se necesitan llevar a cabo, bien sea un ahorro, una remodelación de algún espacio en casa, una minimización de alguna conducta bien sea individual o compartida, como la erradicación de un vicio se lleva al siguiente consenso. En este consenso se evaluará el acuerdo al que se debe llegar y en cada sección correspondiente se hará el aporte de cada parte.

Acuerdo al que se desea llegar	Lo que está dispuesto a ceder el que ofrece el acuerdo	Lo que está dispuesto a ceder el que acepta el acuerdo	Beneficios de este acuerdo	Contrariedades de este acuerdo

Es importante saber que además de lo anterior mostrado se debe establecer la factibilidad del acuerdo, en otras palabras, saber si es realista aquello mencionado. En cada sección (Que se debe hacer con cada acuerdo) se debe marcar aquella opción que corresponda con una "X" y en la parte de "Especifique" se puede acotar algo de información adicional de ser requerido.

Ejercicio para estimar si es una meta es realista o no

Pregunta	Si	No	Especifique
¿Este acuerdo se hizo pensando en ambas partes?			
¿Existe alguna cosa que se podría comentar respecto al acuerdo? ¿Qué sería?			
¿Se siente cómodo el acuerdo planteado?			
¿Este acuerdo busca resolver una problemática entre ambas partes?			
¿Es plausible cumplir con dicho acuerdo en el tiempo establecido?			

Una vez llenado el cuadro anterior, usted sabrá si la meta es realista o no.

Cómo promover el entendimiento y evitar discusiones destructivas

Controlar las emociones durante los desacuerdos

Ser una persona reactiva, como se pudo observar en el apartado de "¿Cómo pensar fuera de mi realidad y mi sentir?" es una de las cosas que perjudican en gran medida la resolución de conflictos ente las partes. Una persona reactiva, recordando un poco aquello que se mencionó en aquel subcapítulo; es un ser cuyo crecimiento personal y sentimental no es lineal, ya que su estado de ánimo va a determinar las acciones que realice posteriormente.

Se tiene que ver esto desde el punto de vista de la convivencia de parejas e imaginarse por un momento que la persona a nuestro lado es reactiva. Estas emociones deben generar temor al compromiso a futuro, porque no se sabe de qué lado se va a parar esta persona, utilizando un término metafórico. No se sabe si esta persona por el hecho de recibir una crítica, pese a ser con amor; tome una mala actitud que termine arruinando el día.

Una de las razones por la cual una persona busca establecer lazos con otra es la tranquilidad que esta persona le puede llegar a producir, y si entonces no le produce dicha sensación... ¿Realmente vale la pena estar con ella?

Para poder entonces controlar dichas emociones, además del ejercicio dado en algunos capítulos atrás, se pueden realizar estas maniobras con el fin de poner un correctivo al ser reactivo y pasar a convertirse en el ser racional capaz de expresar sus sentimientos sin lastimar.

Cuando exista un desacuerdo, poner en práctica la serie de pasos que se muestra en la siguiente lista, ello va a marcar una gran diferencia en los resultados obtenidos de forma reactiva:

- Tomarse un tiempo de al menos 10 minutos, acordados previamente con la pareja para poder analizar lo sucedido.

- No tomarse cada comentario dicho en una discusión de forma personal. Se debe recordar que las personas enojadas suelen decir cosas hirientes y que es deber hacer saber que esto está mal, pero nunca con otra ofensa o comentario hiriente.

- Respirar. Es importante que antes de poder hablar con esa persona de lo mal que está ocurriendo, es imperativo tomar un tiempo para respirar profundo y hacer salir y drenar todo ese "veneno" que fluye por la mente y el corazón.

- Estudiar la situación en términos de: ¿Cómo sucedió? ¿Quién fue el causante de la situación en forma objetiva? Y también si se utilizaron palabras de reproche. Siempre buscando ser imparciales.

- Esperar un tiempo a que la otra persona también baje su nivel de estrés.

- Hablar del asunto siempre con empatía y comprensión. Estar abiertos a escuchar y exponer lo que se quiere sin herir.

Evitar el lenguaje ofensivo

El lenguaje ofensivo y los ataques personales son alertas rojas, es importante que sean erradicados para mantener una comunicación saludable en una relación. Aquí, en esta sección se anexan algunas formas de evitar estas situaciones en las discusiones de pareja:

1. **Escuchar activamente:** Es importante escuchar activamente a la pareja durante la discusión sin interrumpir ni juzgar. Esto hará que la persona se sienta comprendida, amada y le permitirá abrirse a nivel emocional.

2. **Mantener el respeto mutuo:** Durante una discusión, es importante tratar a la otra parte con respeto y no usar un tono sarcástico o insultos. Recordando siempre que la gravedad de una discusión es el tono usado y no las diferencias, el usar el lenguaje ofensivo solamente agravará el escenario.

3. **Centrarse en el problema:** En lugar de atacar a la persona, es importante centrarse en el problema que se está discutiendo y encontrar una solución juntos. Cuando una discusión llega al punto de los ataques personales se ha perdido el foco del problema, por lo que se debe afrontar el problema y recordarlo para que ninguno de los involucrados caiga en el juego de "voy a lastimar por orgullo".

4. **Evitar generalizaciones:** Evita hacer magnificaciones o generalizaciones sobre el comportamiento de la pareja. En lugar de esto, siempre es positivo hablar de hechos específicos y la forma en que hacen sentir al propio ser para que no se sienta como un reproche. Recordar siempre que el inicio del uso de palabras de reproche es con las generalizaciones.

5. **Utilizar declaraciones en primera persona:** Utilizar declaraciones que hablen de los propios sentimientos en lugar de culpar a la pareja es una forma positiva de evitar que la discusión suba de tono. Por ejemplo, en lugar de decir "Siempre actúas de esta manera", se puede decir "No me siento bien cuando no logramos comunicarnos bien".

6. **Tomar un descanso:** Si la discusión se está intensificando, es importante tomar un descanso y volver a hablar cuando las emociones estén menos tensas.

Entonces bien, para poder evitar el lenguaje ofensivo y ataques personales en las discusiones de pareja, es prioritario que se mantenga el respeto mutuo, que se busque centrar la atención en el problema, evitar generalizaciones, utilizar declaraciones en primera persona y tomar un descanso si es necesario. Se debe tener en cuenta que la base de toda relación sana y duradera es una comunicación eficiente.

Buscar áreas de acuerdo y puntos en común

Otro de los puntos importantes en una relación de pareja es buscar puntos en común y áreas de acuerdo para fortalecer la conexión e intentar resolver conflictos de forma eficiente. Dentro de las herramientas que se usan normalmente para poder encontrar dichos puntos son:

1. **Identificar y aceptar las diferencias:** Aceptar que cada uno de los miembros de la relación tiene opiniones distintas, es un gran paso para lograr encontrar los puntos en común. Se debe ser capaz de aceptar las diferencias, sin juzgar o intentar cambiar a la otra persona.

2. **Compartir intereses**: Buscar actividades que los dos disfruten y hacerlas juntos puede fortalecer los lazos entre ambas partes. Estas actividades o intereses pueden ser: Deportes, hobbies, viajes u otras actividades.

3. **Dedica tiempo para conversar:** Siempre es pertinente tomarse el tiempo para conversar y descubrir los intereses y opiniones del otro. Hablar sobre el trabajo, pasatiempos o cualquier otra cosa que genere interés es la forma más directa de conformar áreas de acuerdo en temas específicos.

4. **Encontrar un objetivo en común:** Trabajar juntos para lograr un objetivo en común, como ahorrar para una casa o planear un viaje a largo plazo, puede ayudar a fortalecer la relación.

5. **Aprender a escuchar:** Es determinante para el encuentro de puntos en común poder escuchar y mostrar interés en la perspectiva y pensamiento del otro. La manera en que se hace esto es escuchando activamente a la pareja y no juzgando los intereses de la misma sino apoyarlos.

6. **Reconocer y celebrar los logros del otro:** Reconocer y hacer una celebración de cada logro que consiga la otra persona fortalecerá la relación y brindará un sentido de apoyo y afecto.

A grandes rasgos, encontrar puntos en común y áreas de acuerdo en una relación se trata de aceptar las diferencias y trabajar juntos para lograr un objetivo en común, fomentando una comunicación clara y constante para entender y apoyar los intereses de ambas partes.

78

Capítulo 6

Cuidando el romance y la pasión

Cuidar el romance y la pasión en una relación es fundamental para mantenerla sana y feliz. Algunas formas de mantener la chispa viva incluyen: planificar citas y momentos románticos, sorprender a tu pareja con gestos románticos y expresar amor y aprecio de forma regular. También es importante ser creativo con las citas y momentos especiales, esto puede verse en situaciones como lo son probar actividades fuera de lo común y explorar nuevos lugares juntos, establecer tradiciones y rituales románticos como cenas a la luz de las velas o salidas espontáneas de fin de semana, etc. Todas estas actividades son una gran manera de mantener la pasión encendida.

Otra forma clave de fomentar la intimidad física y emocional es mejorar la comunicación sexual. Comunicarse abiertamente y de forma honesta sobre esos deseos y necesidades sexuales individuales es una gran manera de ayudar a aumentar la conexión emocional y física entre la pareja. Es imperativo explorar fantasías y deseos mutuos de una manera segura y respetuosa, bien sea tratando de hacer cosas nuevas y emocionantes en la habitación, fortaleciendo el contacto físico y el afecto diario, ya sea con abrazos, caricias o simplemente pasar tiempo juntos.

Una cosa que puede ayudar a mantener la pasión y el romance en una relación a largo plazo es el recordar siempre la importancia del afecto físico y emocional. Todas estas cosas serán tratadas en este capítulo en el que se buscará cuidar y avivar el aspecto de la intimidad de parejas.

Mantener viva la chispa en la relación

Planificar momentos románticos y citas

Planificar citas y momentos románticos es la primera forma que aquí se mostrará y puede ser una gran forma de mantener la chispa viva en una relación. De esta forma se ha recopilado algunas formas para hacerlo:

1. Calendario compartido: Crear un calendario compartido con la pareja donde se anoten fechas importantes y planifiquen juntos momentos especiales va a permitir coordinar sus agendas personales y asegurará de que siempre se tenga tiempo para pasarlo juntos.

2. Temática: Planear citas temáticas basadas en los intereses de ambos, esto ya se conoce debido a los ejercicios que se han realizado acorde a las metas de pareja. Por ejemplo, si ambos se consideran fanáticos del buen vino o la comida por tiempos, se puede planear una cata juntos de vinos o hacer una visita a una bodega con steakhouse.

3. Citas sorpresas: Las sorpresas pueden ser una manera especial de planificar una cita memorable. Se puede organizar una cena sorpresa en casa, hacer una salida de fin de semana sin decirle a la pareja el destino al que van o planear una actividad fuera de lo común.

4. Kits de cita en casa: Si no es posible salir de casa, se puede tener en cuenta que planificar una noche de cita en casa con un kit especial es una excelente opción. En esta cita se puede incluir vino, juegos de mesa para dos, una película o cualquier otra cosa que sea del gusto mutuo... Y el plus de esto es que la noche puede terminar de manera romántica a nivel de intimidad.

5. Conocer un nuevo lugar: Si se posee la disponibilidad económica y también la oportunidad en cuestión de tiempo, se puede visitar un nuevo lugar como una ciudad, localidad, etc. Es muy emocionante y gratificante planear un fin de semana en un lugar desconocido para ambos. Para esto se debe investigar las atracciones, restaurantes y cosas que se puedan hacer en el sitio para poder así disfrutar de una aventura juntos.

Se tiene que recordar en todo momento que lo más importante de planificar dichas citas y momentos románticos es crear momentos significativos para ambos, por lo que no hay límite en lo que respecta a creatividad y planificación de algo que realmente se disfrute en pareja.

Gestos románticos y sorpresas

Ser detallista con sorpresas y gestos románticos es otra manera peculiar y hermosa de mantener la chispa viva en una relación que lleva tiempo y se ha consolidado. Aquí, en esta sección del capítulo se darán algunas ideas para ser detallista con las sorpresas y gestos románticos:

1. Cartas escritas a mano: Escribir una carta a mano para la pareja puede ser una forma romántica y especial de expresar sentimientos y hacer que se sienta especial.

2. Flores: Las flores son una forma clásica y un recurso muy utilizado para demostrar amor y afecto. Puede sorprenderse a la pareja, tanto si se es hombre como mujer; con un ramo de flores en un día especial o en una ocasión inesperada.

3. Sorpresa en la cama: Despertar a esta persona especial con una sorpresa en la cama, que puede ser un desayuno especial servido en la habitación o llenando la habitación con globos y notas de amor puede avivar mucho la chispa existente entre ambos.

4. Masaje relajante: Un masaje con aceites esenciales puede traer estímulos positivos y relajantes en la persona que se ama, además de ser una excelente manera y muy romántica de mostrar amor y cuidado.

5. Regalo o detalle personalizado: Un regalo personalizado o un detalle hecho a mano, es decir; cualquier detalle en el que se ha puesto no solamente dinero sino imaginación y amor en cada aspecto del mismo, Como pudiese ser un álbum de recortes, un dibujo hecho a mano si se posee talento para este tipo de artes plásticas, un poema o canción etc. Pueden ser formas únicas de demostrar amor y aprecio.

Opciones hay muchísimas y cada una de las mostradas acá pueden servir para distintos tipos de perfiles. La cuestión es que ser detallista entregando sorpresas y gestos románticos puede ser una forma hermosa de demostrar amor sincero y afecto a la pareja cuando los temas de citas románticas o salidas especiales se quedan cortas. Hay que tener en mente que lo más importante es la intención que hay detrás de estos detalles, ya que se trata de demostrar el amor y apreciar a la persona de una manera significativa y única.

Expresar amor y aprecio de forma regular

Ser amoroso implica decir diariamente lo importante que es esa persona especial, es comunicar que la vida es especial por ser un hermoso regalo pero que, en gran parte, el sentido de la misma se debe a la existencia de ese "él o ella" que hace de la vida una experiencia más sublime. De tal manera y con la intención de demostrar ese amor de forma regular, se muestran métodos de comunicación amorosa que se pueden practicar a diario:

1. Decir "te amo": Aunque pueda parecer obvio, decir "te amo" es una forma muy simple pero poderosa de expresar amor y afecto por esa persona especial todos los días.

2. Abrazos y besos: Dar abrazos y besos a la otra persona, es una manera sencilla de mostrar amor y afecto todos los días. Estos pequeños gestos pueden hacer una gran diferencia en la forma en que se sentirá la persona.

3. Actos de servicio: Hacerle algo especial a él o ella, sin que lo pida: como hacer la cama, preparar una comida especial o lavar sus platos pueden ser una manera genuina de demostrar amor y preocupación por su bienestar.

4. Intereses compartidos: Mostrar interés y apoyo en los intereses y pasatiempos de la pareja es la forma más explícita de demostrar que son importantes y apreciados sus pasatiempos y gustos.

5. Comunicación de calidad: Tomarse el tiempo para hablar y comunicarse diariamente es otra forma excelente de expresar amor y mantener una conexión emocional.

6. Demostrar aprecio: Como última pauta, hacer una demostración diaria de agradecimiento a la pareja por las cosas que hace por uno mismo es una forma de expresar que valores todo lo que hace. Ya sea por algo pequeño o grande,

se debe demostrar ese sentimiento de agradecimiento por lo que se recibe de la pareja.

Expresar amor diariamente a la persona que se ama no tienen que ser algo complicado o costoso. Simplemente se trata de demostrar amor y afecto a través de pequeños detalles, palabras y actos que demuestren preocupación, aprecio y amor de forma incondicional y regular.

Ideas para momentos especiales y citas románticas

Actividades fuera de lo común

Realizar actividades que no se encuentren en el común denominador o de lo usual en pareja puede ser una manera maravillosa de fortalecer la conexión y mantener el romance en una relación. Aquí se dejará la selección más cuidada y pulcra posible que respecta a este tema:

1. Clases de cocina: Tomar una clase de cocina juntos puede ser una forma creativa y divertida de pasar tiempo juntos mientras se aprende algo nuevo y útil en el futuro de la relación.

2. Escape room: Un escape room es un juego de aventura en el que se es encerrado en una habitación a la pareja en este caso, y ambos deben trabajar juntos para encontrar las pistas y desafíos necesarios para salir. Esta actividad puede ser desafiante y emocionante. En caso de no contarse con una de estas salas recreativas en la ciudad, siempre es posible hacerlo con una app o videojuego del mismo tema.

3. Escalada en roca: Practicar la escalada de forma conjunta puede ser una actividad emocionante que permitirá desafiarse física y mentalmente, además de ser una actividad para trabajar en equipo y conseguir logros conjuntos. Esta actividad tiene el plus de que beneficia a niveles de salud física a los participantes así que es una opción a considerar.

4. Viajes en globo aerostático: Tomar un viaje en globo aerostático es una forma única y romántica de disfrutar de las vistas panorámicas de un destino nuevo para ambos.

5. Paintball: Jugar paintball juntos no solamente cuenta como una actividad emocionante, sino que también es una forma divertida de desafiarse y competir de forma sana el uno con el otro.

6. Clases de baile: Tomar clases de baile es una forma divertida de moverse juntos y sincronizarse como pareja además de ser una oportunidad ideal para conectarse e intimar físicamente.

Todas las actividades que se consideran comunes, que aparte de todo les agrade a ambos como pareja son una forma especial y entretenida de mantener el romance y la conexión entre ambos. La idea es disfrutar y divertirse al máximo juntos.

Explorar nuevos lugares

Una de las experiencias más enriquecedoras y emocionantes que pueden añadir madurez, compromiso y afianzamiento de los sentimientos en una pareja son los viajes a sitios nuevos. El reto que puede presentar esta actividad es escoger bien el destino para asegurar el aprovechamiento al máximo de dicha experiencia. A manera de poder socavar cualquier inconveniente, se deja de forma práctica una guía rápida para poder explorar sitios nuevos sin arruinar la experiencia.

1. Establecer el presupuesto inicial: Lo primero que se debe hacer es establecer un presupuesto para el viaje. Para esto se debe discutir qué es lo que pueden permitirse y de tal manera buscar destinos que se adapten al presupuesto establecido.

2. Decidir juntos el tipo de viaje: Se tiene que establecer una conversación sobre el tipo de viaje que sería de su agrado: ¿un viaje relajante o más aventurero? ¿Playa o montañas? ¿Un viaje con mucho recorrido o un solo lugar para explorar? Opciones hay por montón, solamente se debe encontrar una adaptada a las necesidades de ambos.

3. Tomar en cuenta el tipo de clima: Ambos deben asegurar de tomar en cuenta el clima del destino elegido. Esto es importante porque de esto dependerá el tipo de actividades a realizar, porque puede preferirse un ambiente cálido y soleado en el que las actividades incluyan excursiones, días de playa, etc. Entonces se deben buscar destinos que brinden estas condiciones para poder disfrutar al máximo sin sufrir inconvenientes del tiempo.

4. Investigar sobre los lugares de interés: Hacer una lista de lugares que les gustaría visitar y hacer una amplia investigación sobre ellos para saber si realmente les interesa es una manera de no improvisar estando en el sitio y evitar que el viaje se convierta en una travesía. Si se va a recorrer largas distancias, al menos se debe asegurar de que será lo esperado.

5. La toma de decisiones debe ser en conjunto: Es importante que se haga la toma de decisión junto a la pareja en lo que respecta al destino para evitar malentendidos y frustraciones.

6. Buscar opciones para hospedarse: Este es el último paso y se trata de investigar bien las opciones de hospedaje en el destino elegido para encontrar la opción que mejor se adapte a las necesidades y presupuesto que se ha determinado con anterioridad. Estas necesidades son: Presupuesto, cercanía a los sitios de interés, que cuente con las comodidades, etc.

Para explorar nuevos lugares con esta persona especial y elegir bien el destino, es necesario tener en cuenta estas sugerencias. Aparte de todo lo mencionado se debe tener en mente compartir las preferencias, investigar opciones y tomar en cuenta los presupuestos.

Establecer tradiciones y rituales

Como una forma de mantener el romanticismo en una relación, se debe mencionar que establecer tradiciones y rituales de índole íntimo y sentimental puede ser una forma de fortalecer la conexión emocional y mantener viva la chispa del amor. Unas opciones bastante interesantes para lograr esto son:

1. Cena a la luz de las velas: Se puede elegir un día a la semana en el que se va a preparar una cena especial la cual será disfrutada a la luz de las velas. Esta cena será de carácter íntimo por lo que, de ser posible; se va a prescindir del uso de teléfonos celulares en la mesa.

2. Día de spa en casa: Se puede establecer como ritual el dedicar un día al mes para dar masajes de forma mutua, hacerse tratamientos de belleza y simplemente relajarse juntos en casa. Esto puede servir para elevar los niveles de interacción íntima.

3. Viaje anual: Establecer un viaje anual que pueda hacerse juntos y así disfrutar de unas vacaciones románticas puede elevar mucho el interés romántico de la relación.

4. Noche de películas: Es de las formas más sencillas de disfrutar tiempo de calidad, ya que se trata de escoger una noche de la semana para ver una película juntos y preparar palomitas.

5. Celebración de fechas especiales: No puede faltar la celebración de una fecha especial en parejas como lo puede ser el aniversario de la relación o el día en que se conocieron.

6. Actividades al aire libre: Es una manera simple pero muy bonita de establecer lazos. Salir a caminar, a hacer deportes o actividades al aire libre juntos para disfrutar de la naturaleza y crear recuerdos de la relación.

7. Tarde de juegos de mesa: Se puede tomar una tarde a la semana para elegir algunos juegos de mesa con los cuales jugar juntos y convertirlo así en un ritual dentro de la semana.

8. Hora del té o café: Se trata de generar un espacio para disfrutar en pareja de una bebida caliente todas las tardes después del trabajo. Esta es de las actividades preferidas por la frecuencia en que se puede llevar a cabo.

De todo esto lo primordial es que estos rituales o tradiciones sean desarrollados de forma grupal y adaptados a los gustos y necesidades personales.

Fomentar la intimidad física y emocional

Mejorar la comunicación sexual

La comunicación sexual es una de las situaciones que debe ser tomada en cuenta a nivel de interés mutuo para mejorar la conexión y la satisfacción en la relación. Lo cierto es que muchas parejas llegan a conseguir a su compañero o compañera aburridos en la cama luego de un tiempo, y para que esto no suceda; se muestran los mejores consejos para optimizar la comunicación a nivel íntimo:

1. Hablar abiertamente: Es importante que ambos se sientan cómodos hablando sobre sus deseos, fantasías, temores y expectativas en el ámbito sexual. No se debe tener miedo de ser honestos ya que allí radica el éxito de este ejercicio.

2. Escuchar activamente: Además de hablar, es importante que se escuche lo que el otro tiene que decir y que se preste atención activa para comprender mejor las necesidades y deseos de la pareja. Esto de escuchar activamente se ha dicho a lo largo de todo el libro enfatizando en lo importante que es la comunicación a cualquier nivel.

3. Practicar y experimentar juntos: Una de las mejores maneras de generar mayor conexión a nivel de intimidad es probar cosas nuevas juntos, esto incluye distintas posiciones o prácticas sexuales. Esto permitirá descubrir lo que es agradable a nivel de pareja.

4. Evitar las críticas: Es importante que durante todo este proceso de autodescubrimiento con la pareja se eviten las críticas y se centre la atención en el placer y la conexión emocional que pueda lograrse de manera conjunta. No se puede hacer juicio de las preferencias del otro, por el contrario; se debe respetar.

5. Poner atención a las señales no verbales: Observar las señales que puede dar la pareja durante el acto sexual y ajustar para que ambos se sientan cómodos y conectados. Estas señales son gestos faciales, gemidos o quejidos dependiendo de la situación, así que se debe estar muy consciente y atento.

6. Siempre tener en cuenta el pedir ayuda profesional: Si la comunicación sexual se ha convertido en un obstáculo o hay problemas específicos que se deseen abordar, no se puede vacilar y en este caso la mejor opción será buscar ayuda profesional. Hay terapeutas y especialistas que pueden aconsejar y ayudar a mejorar la comunicación sexual.

De todo lo dicho en esta sección lo importante es que ambas partes estén receptivas a la opinión del otro. No se puede llegar a un entendimiento óptimo y conexión íntima de parejas si no se abren la mente.

Explorar fantasías y deseos mutuos

Una forma en que las parejas logran conseguir avivar la llama en la habitación es mediante la experimentación como bien se comentó en el apartado anterior. Esta química debe ser especialmente fuerte porque el expresar amor de una forma física es vital para que no se caiga en el aburrimiento. Dicho esto, se hará una recopilación de las mejores formas de encontrar deseos mutuos mediante las fantasías:

1. Hablar sobre las propias fantasías: Dedicar tiempo a hablar abiertamente sobre las fantasías sexuales que cada uno tiene, puede ayudar a establecer un espacio en común para empezar a explorarlas. Es importante que ambos se sientan cómodos y seguros hablando sobre ellas.

2. Usar juguetes y accesorios: Los juguetes y accesorios sexuales pueden ser una buena forma de iniciar el descubrimiento de fantasías y deseos. Se puede buscar opciones que sean de interés y explorar juntos dichos usos.

3. Tener juegos a los roles: Si ambas partes de la relación poseen una fantasía en común que incluya un rol específico, se puede entonces intentar hacer un poco de actuación para ver cómo se siente. Naturalmente, los dos deben asegurar que están cómodos con los roles que deben interpretar.

4. Probar nuevas posiciones: Experimentar con nuevas posiciones sexuales... Es así tan sencillo como suena. Combinar diferentes posiciones puede resultar estimulante y ayudar a encontrar combinaciones de movimiento que resulten interesantes y placenteras tanto para la pareja como para la propia persona.

5. Realizar experimentos en lugares diferentes: Cambiar el lugar resulta igualmente en un buen medio para explorar tanto las fantasías como los deseos y de esta manera variar la rutina.

6. Establecer códigos seguros: Esta es una acotación más que un método de explorar fantasías y es que es importante establecer códigos seguros para

corroborar de que ambos se sienten de acuerdo en los límites que se pueden llegar a presentar al momento de explorar deseos y fantasías.

Siempre se debe tener en mente que la exploración de fantasías y deseos sexuales es algo que debe ser consensuado por ambas partes, es algo en lo que ambos deben sentir comodidad y seguridad. En este tipo de aspectos debe ser prioridad que siempre se respete y se comunique de manera abierta y honesta todo lo que desea y lo que no.

Fortalecer el contacto físico y el afecto diario

Este tema se ha tocado anteriormente en otro apartado, pero de manera diferente ya que en aquel subcapítulo se hizo la acotación de que se debía empezar a crear lazos de contacto regulares. Lo que viene a ocupar el puesto en esta sección es la forma en que se puede mantener en el tiempo este gesto de amor hacia la otra persona de una forma sostenible:

1. Abrazos: Se tiene que aprovechar cada oportunidad de abrazarse. Cuando se llega a casa luego del trabajo, antes de dormir, por la mañana, durante el día, en cualquier momento. Abrazarse es una forma de demostrar amor y afecto.

2. Besos: Los besos son una buena forma de fortalecer el contacto físico. Un beso al despertar, un beso de despedida cuando salen al trabajo y un beso antes de dormir puede ser una forma de demostrar amor.

3. Tocar: Puede acariciarse a la pareja, rozarse, tocar el cabello de la misma o incluso dar pequeños golpecitos juguetones como palmadas en los glúteos. Esto no tiene que ser necesariamente caricias íntimas, basta con toques sutiles para aumentar la conexión física.

4. Cuidados y detalles para con la pareja: En esta pauta se insta a realizar gestos de cuidado y detalles el uno con el otro, como hacer masajes en los pies o y espaldas que han llevado la carga de un día agitado, comprobando que el otro se sienta cómodo.

5. Dar la mano: Este es un gesto simple pero hermoso, ya que el hecho de que la persona tome la iniciativa de tomar la mano de la pareja durante una caminata o un momento donde estén sentados es de las cosas más sencillas

pero que demuestran un amor sincero. Dar la mano es una forma de demostrar unidad y compromiso en la relación.

6. Sentir la cercanía: Esto puede hacerse en cualquier actividad que no incluya estar en constante movimiento, ya que se trata de recostarse o acurrucarse juntos en el sofá mientras se observa una película o programa de televisión. Sólo realizando cosas juntos se puede fortalecer la sensación de cercanía.

7. Mirarse: Cuando se habla, es positivo mantener un contacto visual la mayoría del tiempo. Mantener contacto visual puede ser una forma de demostrar interés y también de establecer una conexión más profunda en cualquier tema expuesto por alguna de las partes.

Dentro de todo esto se debe entender que no existe un plan establecido para fortalecer el contacto físico y el afecto diario en una relación. Cada pareja también puede crear sus propias maneras de demostrarse el cariño a diario, adaptado a sus necesidades. Pero, es importante crear un espacio de amor constante en la relación, que mantenga la llama encendida.

Capítulo 7

Apoyo mutuo en tiempos difíciles

Afrontar el estrés y los desafíos juntos

Apoyarse durante momentos de crisis

No todo dentro de la relación se considerará un cuento de hadas, es de entender que se tendrán días malos y es en esos días donde la persona que está mejor tiene que ponerse en el lugar de la otra persona y apoyarla en su crisis. Para esto se tiene esta serie de pautas a seguir si la persona amada se encuentra pasando un mal momento:

1. Escucha activa: Lo primero que se debe hacer es escuchar con atención y empatía las preocupaciones de la pareja sin juzgar su situación.

2. Mostrar el apoyo: Es importante hacer saber a la persona que se está ahí para apoyarlo. Esto se puede hacer ofreciendo ayuda en lo que necesite y decir que juntos darán con una solución.

3. Ofrecer soluciones: Si es posible, se tiene que tratar de ofrecer soluciones que puedan ayudar a resolver la situación. En caso de no contarse con ninguna, buscar juntos una salida creativa y asequible a la crisis.

4. Reflexionar juntos: Si la crisis es emocional, es importante que puedan sentarse las dos partes y reflexionar sobre lo que ha sucedido y buscar la forma de superar juntos la crisis. En caso de que la situación sea extremadamente compleja, se puede sugerir buscar ayuda externa profesional.

5. Dar la importancia: Este punto va más enfocado en lo que no se debe hacer ya que hay tener cuidado de no minimizar las situaciones que la pareja experimente durante la crisis. Para solucionar esto se debe revisar bien este libro en lo que respecta a la comprensión y tratar con empatía el problema para ofrecer apoyo emocional sin cuestionar la situación.

6. Manejar la crisis: Hay maneras creativas que pueden ayudar a expresar físicamente los momentos de crisis, como dibujar, escribir o tocar un instrumento. Cada uno de estos ejemplos son una forma efectiva y novedosa de obtener un desahogo.

Apaciguar los momentos duros de la persona que se ama no solamente demuestra el amor que se siente por la misma, sino que también; habla mucho de la calidad de ser humano que es uno mismo ya que se debe tener un grado alto de empatía para no dejar solo o sola a esa persona que ha estado en los momentos de crisis propios de uno mismo.

Identificar fuentes de estrés externas

A veces el estrés en la relación puede estar relacionado con factores externos. El primer paso para abordar estos problemas es identificar cuáles son. Por ese motivo se muestra un adjunto de las formas más comunes que posee una persona para sufrir de estrés fuera de la relación:

1. Situaciones laborales: Los problemas en el trabajo pueden generar mucho estrés. Es pertinente preguntar a la pareja, si esta se ve estresada; si tiene algún problema en el trabajo que la esté afectando a nivel personal.

2. Problemas familiares: Los problemas con la familia pueden generar estrés emocional significativo, ya sea problemas económicos o de relaciones interpersonales.

3. Problemas financieros: Las dificultades financieras pueden tener una fuerte influencia en la calidad de vida de las parejas, un ejemplo claro de estos aumentos en los problemas financieros puede ser a raíz de la pandemia.

4. Enfermedades físicas y psicológicas: Las enfermedades físicas y psicológicas pueden generar un gran estrés, tanto en la propia persona como en la pareja y

en el hogar. Hay que vigilar siempre el estado de salud general de ambas partes para que esto no sea un determinante.

5. Problemas sociales: Los problemas sociales como la discriminación y el bullying, pueden tener un impacto significativo en la salud emocional.

6. Problemas en el entorno social general: Los cambios en el entorno social, como la política, las noticias y los conflictos en la sociedad pueden tener un impacto en la salud emocional de las parejas. En la era de la tecnología moderna, el consumo excesivo de noticias y medios sociales también puede tener un impacto emocional.

Como se puede observar, es importante ser sensible a las necesidades de las parejas y estar atentos a posibles fuentes de estrés en nuestras vidas cotidianas. Si se puede determinar que el estrés en la relación está relacionado con factores externos, se debe poner atención y trabajar de forma conjunta para abordar estos problemas y encontrar soluciones satisfactorias con el fin de aliviar el estrés emocional.

Cómo enfrentar situaciones difíciles en equipo

Esta sección está relacionada con lo anterior, porque es plausible que en muchas ocasiones ese estrés que sufre una de las partes no sea identificada a tiempo en cuanto al detonante, resultando en situaciones complicadas y estas derivan en soluciones en conjunto. Enfrentar obstáculos como pareja puede ser difícil, pero hacerlo en equipo es una forma efectiva de superarlos, saliendo fortalecidas ambas partes.

1. Comunicación efectiva: Es importante hablar de manera abierta y honesta sobre los problemas y obstáculos que se enfrentan. Escuchar activamente el punto de vista de tu pareja y trabajar juntos para encontrar una solución es el camino hacia la resolución del problema.

2. Establecer metas claras: Una vez que se haya identificado el obstáculo, hay que establecer metas claras juntos para superarlo. Esto se hace teniendo metas realistas y factibles de alcanzar con trabajo en equipo.

3. Trabajar juntos: Se tiene que abordar el obstáculo como un equipo. Si uno de los involucrados tiene más conocimiento o experiencia en esa área, es su

deber compartirlo con la otra persona. Juntos pueden afrontar el obstáculo y encontrar la solución más adecuada sin importar de quién fue la idea que dio con la solución.

4. Apoyarse mutuamente: Esto es lo que hace referencia a la relación existente entre el punto anterior y este. Debe demostrarse ante la persona que se está ahí, para apoyarla durante el proceso. Esto puede ser ofreciendo ayuda en lo que se necesite, animar y brindar inspiración para no perder de vista la meta.

5. Tener un plan de acción: Juntos deben desarrollar un plan de acción claro y conciso de cómo se va a abordar el obstáculo. Teniendo en claro de que el plan incluya soluciones para todos los aspectos posibles.

6. Celebrar logros: Siempre se debe celebrar juntos cada triunfo o logro que se vaya logrando en la solución del obstáculo. Hay que reconocer que el trabajo juntos, trae recompensas no solamente a nivel de la relación, sino también a nivel personal y emocional.

Al enfrentar obstáculos en equipo, se puede resolver problemas de manera más efectiva a la vez que se fortalece la relación. Cabe resaltar que el trabajo conjunto y mantenimiento constante de la amistad entre ambas partes es la clave para superar cualquier situación difícil que se presente.

¿Cómo brindar apoyo emocional a tu pareja?

Escuchar activamente y validar los sentimientos del otro

Escuchar de manera activa a la pareja es una habilidad importante para fortalecer y mantener una relación saludable, esto se ha dicho anteriormente y se ha dejado una serie de pistas sobre el uso de esta técnica a lo largo del libro. La forma en que se logra establecer una forma de escuchar presente es la siguiente:

1. Prestar atención: Durante una conversación, se debe enfocar la atención en lo que dice la otra persona y analizar a sus palabras. No se debe interrumpir ni

tratar de completar sus oraciones. En este proceso se trata de establecer contacto visual para evitar distracciones.

2. Expresar interés: Hay que demostrar interés en lo que dice la pareja, esto se logra haciendo preguntas y expresando la opinión. Tiene que hacerse saber que hay un interés en lo que se dice y que ese dicho tiene importancia.

3. Hacer uso de la repetición: Repetir las palabras de esa persona para confirmar que se ha entendido correctamente lo que dice es una forma de empatizar con su desahogo. De esta forma, se estará mostrando que el punto de vista es compartido.

4. No juzgar: Evitar juzgar o criticar durante la conversación. Tiene que permitirse la libre expresión de su punto de vista y aceptar sus opiniones, estando o no en acuerdo mutuo.

5. Ser empático: Hay que ponerse en el lugar de la pareja porque esto puede ayudar a entender mejor los sentimientos y perspectivas de la misma. Esto lo que hace es hacer que se entienda mejor las motivaciones que tiene esa persona para decir o hacer lo que hace.

6. Responder con claridad: Cuando sea turno de hablar, hay que asegurarse de expresar con claridad los pensamientos y sentimientos propios. No se tiene que ser perfecto, lo importante es que esa opinión se haga entender.

Dicho todo de forma más resumida, para escuchar de forma activa hay que: Prestar atención, expresar interés, repetir, no juzgar, ser empático y responder con claridad. Con el tiempo, estas habilidades permitirán construir una relación más sólida y satisfactoria.

Palabras de aliento y motivación

Validar los sentimientos de tu pareja es importante para crear un ambiente de confianza y comprensión en la relación. Aquí se adjuntan los pasos que pueden ayudar a hacerlo:

- Escucha activamente: La primera parte de validar los sentimientos de tu pareja es escuchar lo que tiene que decir. Presta atención a sus palabras, su tono de voz y su lenguaje corporal. Haz preguntas para aclarar su punto de vista y para asegurarte de que entiendes lo que está sintiendo.

- Asume su punto de vista: Trata de ponerte en los zapatos de tu pareja y entender la perspectiva desde la que está hablando. No interrumpas ni trates de explicar tus propias ideas antes de entender completamente lo que tu pareja está tratando de expresar. Esto va un poco de la mano con lo que trata el punto anterior de la escucha activa.

- Reconoce y valida sus sentimientos: Una vez que comprendas lo que tu pareja está sintiendo, deja que sepa que entiendes su emoción. Validar sus sentimientos ayuda a tu pareja a sentirse escuchado y entendido, y también muestra que respetas su perspectiva.

- Ofrece apoyo: Después de validar los sentimientos de tu pareja, es importante ofrecer apoyo. Puedes preguntar si hay algo que puedas hacer para ayudar o simplemente estar ahí para ellos con palabras de aliento.

Es necesario comprender que no basta con entender lo que tu pareja desea sino también expresar los sentimientos propios para poder establecer una retroalimentación positiva. Para que esto se pueda lograr se muestran las siguientes pautas:

- Comunica tus sentimientos: Es importante expresarle a tu pareja lo mucho que valoras lo que hace y lo que significa para ti. Hazle saber que te inspira y que la apoyas en sus esfuerzos. Deja en claro que su motivación y logros son importantes para ti y que los reconoces.

- Mantén una actitud positiva: Cuando tu pareja se enfrenta a un desafío, puede ser tentador ser negativo o pesimista, pero esto a menudo hace que la situación sea más difícil para ambos. En su lugar, proporciónale la energía positiva necesaria para mantener su enfoque hacia una solución. Rodéala de ánimo y esperanza.

- Planifica objetivos juntos: Trabajen juntos para planificar objetivos que puedan lograr juntos. Estos objetivos pueden ser individuales para cada uno o para la relación en sí. Asegúrate de que los objetivos sean realistas y alcanzables. Puede ser desde cumplir una meta laboral hasta hacer un viaje.

- Celebra los logros: Cuando tu pareja logra una meta, por pequeña que sea, asegúrate de celebrarlo junto a ella. Reconoce su esfuerzo y lo mucho que significa para ti. Aprovecha el momento para recordar el camino que han recorrido juntos.

Proporcionar ayuda práctica y estar presente

Muchas veces no se trata de una situación que refiera a atenciones como regalos costosos o detalles materiales. El motivante más claro que puede encontrar tu pareja, esa persona que está a tu lado incondicionalmente; es sentirte presente, por eso aquí se anexan maneras que ayudarán a que tu pareja tenga ese apoyo y presencia de tu parte:

- Dedica tiempo de calidad: Es importante dedicar tiempo para estar exclusivamente con tu pareja, sin distracciones como la televisión, el teléfono o la computadora. Esto les permitirá hablar tranquilamente, compartir sus sentimientos y descubrir más detalles acerca de sus vidas. Deja que tenga la oportunidad de compartir contigo sus preocupaciones y sus pensamientos.

- Haz pequeños gestos: A veces, son los pequeños detalles los que marcan la diferencia en la relación. Déjale una nota amorosa o sorpréndela con su snack favorita cuando lo menos espere. Haz algo especial para demostrarle que piensas en ella.

- Compartan aficiones: Encuentren intereses o una actividad que les guste a ambos y que los haga disfrutar y relajarse. Esto, al igual que algunos puntos de la misma lista se han dicho de distintas formas, pero es que realmente no existe otra forma o fórmula mágica para poder lograr una conexión genuina y real con tu pareja. Estas actividades pueden ser desde cocinar juntos hasta escuchar música. Realizar actividades juntos les permite crear momentos de cercanía además de poder conectar en profundidad.

- Sé flexible: En algunas ocasiones, la vida se interpone en los planes propios y es importante poder ser flexibles para poder adaptarse tanto uno mismo como la pareja. Comprende las responsabilidades de tu pareja y está dispuesto a apoyarla.

Para estar más presente para tu pareja, dedícale tiempo de calidad, escucha activamente, haz pequeños gestos, compartan aficiones y sé flexible. Demuestra interés y mantén un ambiente cálido y agradable en la relación.

Construir una base sólida en momentos de crisis

Aprender de las dificultades y crecer como pareja

A pesar de que las dificultades en una relación pueden ser estresantes y difíciles de manejar, también pueden ser oportunidades para crecer y fortalecer la relación. Aquí se dejará una serie de consejos aplicables en situaciones difíciles para que estas sean aprovechadas:

- Comunicarse abierta y honestamente: En lugar de evitar el problema o culpar al otro, es importante que ambas partes aborden el problema con una mente abierta y dispuesta a escuchar. Es necesario pedir una conversación respetuosa e intentar expresar sus sentimientos de la manera más clara y honesta posible.

- Encuentra soluciones juntos: En lugar de pensar solo en las soluciones que puedan ayudar a una parte de la relación, piensa en soluciones que sean beneficiosas para los dos. Busca soluciones junto a esa persona, teniendo en cuenta los pros y los contras.

- Aprende de la situación: En lugar de solo preocuparte por la resolución del problema, trata de aprender de la situación y las dificultades que traen. Si puedes encontrar la causa raíz del problema, podrás trabajar en una solución adecuada y quizás prevenir futuros problemas. A veces las dificultades te hacen descubrir cosas de tu pareja que antes no sabías y que te acercarán aún más.

- Reforzar la relación: Aprende a manejar las situaciones difíciles de una manera positiva. Apoya a tu pareja en todo momento y resalta los aspectos positivos en su relación. Es importante reforzar la relación con amor, comprensión y respeto.

Entonces bien, manejar dificultades en la relación es posible si se comunica abiertamente, se escucha activamente, se busca soluciones juntos, se aprende de la situación y se refuerza la relación. Al enfrentar los problemas juntos, podrán fortalecerse como pareja y crecer juntos.

Reevaluar las prioridades y objetivos compartidos

A veces, es importante reevaluar las metas y prioridades de pareja para asegurarse de que estén en la misma dirección y juntos en la toma de decisiones importantes. He aquí los mejores 5 métodos de evaluación que han sido demostrados en efectividad:

1. Comunicación: Es importante mantener una comunicación abierta y honesta para poder hablar de las metas y prioridades de la pareja. Hablen sobre los deseos, necesidades, miedos y expectativas, eviten los juicios y expresen sus pensamientos y sentimientos.

2. Reflexionar sobre lo ya establecido: Reflexiona sobre las metas y prioridades que ya han establecido como pareja anteriormente, y cómo han cambiado o evolucionado con el tiempo. Puede ser necesario repensar algunos aspectos, establecer nuevos o descartar los que ya no tienen el mismo grado de importancia en su relación.

3. Definir objetivos: Definan los objetivos como pareja, consensuados y que tengan en cuenta los deseos y sueños de ambos. Estos objetivos pueden ser a corto plazo, como mejorar la comunicación o la organización de la casa; o a largo plazo, como comprar una casa, tener un hijo o lograr un objetivo profesional.

4. Establecer prioridades: Una vez que los objetivos estén definidos, establezcan una escala de prioridades. Identifica los objetivos más importantes y trabaja hacia ellos de manera organizada y coherente.

5. Buscar apoyo mutuo: Al establecer metas y prioridades, debes estar ahí para apoyar a tu pareja y ser apoyado. Trabajen en pareja y en equipo para asegurarse de que cada uno tenga el apoyo necesario para lograr los objetivos.

Dicho todo lo anteriormente mencionado solamente queda decir que, para reevaluar las metas y prioridades de pareja, es importante comunicarse abiertamente, reflexionar sobre lo ya establecido, definir objetivos, establecer prioridades y buscar apoyo mutuo. Al hacerlo juntos, podrán asegurarse de estar en la misma dirección y trabajar hacia una vida compartida fundamentada tanto en la afectividad como en objetivos realistas.

Reforzar la confianza y la resiliencia en la relación

La confianza y la resiliencia son fundamentales en cualquier relación saludable y pueden ser construidos con tiempo y esfuerzo. Dicho esto, es pertinente revisar el siguiente esquema que muestra las mejores formas de reforzar la confianza y permanencia en la relación:

Nombre de la técnica	Descripción
Comunicar abierta y honestamente	La comunicación abierta y honesta es fundamental para construir la confianza en una relación. Expresa tus pensamientos y sentimientos de manera clara y directa, y escucha de manera atenta y respetuosa a tu pareja.
Aceptar las diferencias	Reconocer y aceptar las diferencias de tu pareja es esencial para mantener una relación resiliente. Esto ayudará a evitar las fricciones y a resolver los conflictos de manera más efectiva.
Establecer límites claros	Establecer límites claros es importante para ambos miembros de la pareja. Hablen de lo que les gusta y lo que no les gusta en cuanto a sus necesidades privadas e íntimas, y respeten los límites del otro.
Practicar el perdón	El perdón es esencial para construir una relación más resiliente. Tómate el tiempo para perdonar y ser perdonado, ya que esto puede ayudar a reducir el estrés en la relación y a mantener fuerte la conexión emocional.
Mantenerse comprometidos	La confianza y la resiliencia son atributos que se consolidan con el tiempo y el compromiso de ambas partes. Es importante que ambos estén comprometidos con la relación y sigan trabajando en ella, incluso cuando las cosas se ponen difíciles.
Compartir tiempo de calidad	Compartir tiempo de calidad juntos es esencial para mantener la conexión emocional y fortalecer la relación. Realicen actividades juntos y disfruten de momentos simples como hablar o reír juntos.

En este esquema se muestra una serie de pautas para poder confiar y ser más resiliente en una relación, es importante comunicar abierta y honestamente, aceptar las diferencias, establecer límites claros, practicar el perdón, mantenerse comprometidos y compartir tiempo de calidad juntos. Al trabajar juntos en estos aspectos, se pueden crear relaciones más sólidas basadas en una comunicación abierta y afectiva.

Capítulo 8

La importancia del autocuidado

Equilibrar las necesidades de la relación y las individuales

Reconocer y respetar las necesidades personales

Reconocer las necesidades personales de pareja es crucial para mantener una relación feliz y saludable. Pese a que existe una variedad amplia de formas para lograr esto, aquí se han mostrado las 3 mejores para poder hacerlo en el menor tiempo posible:

Actividad	Descripción
Hacer preguntas	No tengas miedo de hacer preguntas para comprender mejor las necesidades y deseos de tu pareja. Esto le dará a tu pareja la oportunidad de explicarse y sentirse escuchado.
Aprender a leer a la pareja y la forma en que esta se comporta ante diferentes situaciones	Presta atención a cómo tu pareja reacciona o se siente en varias situaciones, por ejemplo, actividades sociales, momentos de intimidad, etc. Esto te ayudará a comprender sus necesidades emocionales y personales.
Comunicar las necesidades personales	La comunicación es una calle de doble sentido, así que asegúrate de comunicar tus propias necesidades y deseos. Esto ayudará a que ambos se sientan valorados y entendidos en la relación.

Comprender las necesidades de la pareja es fundamental para crear una relación sana donde ambas partes se sienten escuchadas y comprendidas, pero sobre todo amadas de manera mutua. Ahora bien, todo lo anterior dicho en este libro habla sobre la convivencia de parejas, las relaciones con metas compartidas, y si bien es cierto que el compartir es fundamental para el crecimiento de ambas partes, debe existir un espacio para la individualidad, debe existir ese espacio solamente para el propio ser. Es por esa razón que aquí se mostrarán pautas para respetar la individualidad de parejas:

Pauta	Explicación
Aceptar a la persona como es:	Aprende a aceptar a tu pareja por quien es, incluyendo sus rasgos de personalidad, intereses y preferencias. Esto hará que dicha pareja entienda que es comprendida y que son dos seres que viven juntos y pasan tiempo juntos por decisión y no por necesidad.
Respetar las libertades de cada uno	Tu pareja tiene derecho a pensar, opinar y comportarse como quiera sin ser juzgado o controlado. Respeta su derecho a tomar sus propias decisiones. Esto aplica también de forma contraria; es decir, todos los derechos concedidos a la pareja deben ser también para la propia persona.
Recordar las pautas de la comunicación de manera efectiva	Comunica tus sentimientos y opiniones de manera clara y concisa, sin tratar de imponer tus creencias o puntos de vista. Esto se ha tocado de forma sistemática a lo largo de este escrito así que no debe sentirse ningún tipo de restricción, si es necesario volver a leer ese fragmento del libro, hágalo.
Aprender a negociar	Aprende a comprometerte y negociar cuando haya desacuerdos en momentos importantes.
Respeta sus espacios y tiempos	Aprende a respetar el tiempo y los espacios individuales de tu pareja, sin sentirte celoso o posesivo.
Aprende a compartir	Comparte tus intereses y actividades con tu pareja, pero también brinda espacio para que ambos puedan explorar sus intereses individuales sin sentirse limitados.
Aprende a escuchar	Escucha a tu pareja con atención y sin juzgar, aunque estés en desacuerdo.

Brinda apoyo	Apoya a tu pareja en sus decisiones y metas, incluso si no las compartes.
Evita la manipulación	No trates de manipular a tu pareja para que cambie sus creencias, intereses o personalidad.
Celebra la individualidad	Reconoce que la individualidad de tu pareja es lo que lo hace especial y único. Anima y celebra sus logros y éxitos, independientemente de si estás de acuerdo o no en sus intereses y metas.

Establecer límites saludables en la relación

Para seguir un poco en la línea de la individualidad de parejas dentro de una relación, es importante saber que es necesario muchas veces establecer límites para que la relación se lleve a cabo de forma sana. Estos límites deben plantearse con amor y respeto hacia la pareja y por tal motivo aquí se tienen los pasos necesarios para establecer estos límites:

- Identificar los límites personales: Tómate un tiempo para reflexionar sobre tus límites personales en una relación, lo que puede incluir la comunicación, el tiempo y el espacio personal, la intimidad y la privacidad. No seas cerrado en este punto, tienes que ser lo más claro y específico en este tema.

- Comunicar dichos límites: Una vez que hayas identificado tus límites, comunica claramente tus expectativas y necesidades a tu pareja. Esto incluye lo que estás dispuesto a aceptar y lo que no dentro de cualquier rama, ya sea el ámbito sentimental, sexual, físico, etc.

- Ser consistente de dichos límites una vez impuestos: Mantén la coherencia en tu habilidad para mantener los límites que has establecido. No se puede cambiar los límites de manera tajante sin haber discutido previamente con la otra persona involucrada.

- Respetar de forma mutua: Cuando hayas establecido límites, asegúrate de que ambos los respeten. Esto incluye el respeto de los límites de la otra persona, así como tus propios límites. Cabe resaltar que cada corrección debe hacerse desde el amor y nunca en forma de reproche.

- Siempre se puede negociar: No sientas la necesidad de ser inflexible en tus límites, siempre existe espacio para negociar los términos de la relación de manera que sean satisfactorios para ambos.

- Hacer a un lado la culpa: No permitas que los problemas de límites generen sentimientos de culpa, tanto para ti como para tu pareja. A veces es necesario tomar distancia y tiempo para reevaluar los límites en relación a la otra persona.

El generar límites en una relación es fundamental para construir una relación sana y equilibrada tal como se dijo al inicio de este subcapítulo. Es importante entender que establecer límites significa tomar medidas para mantener el bienestar propio y el de la otra persona. Comunicación abierta, honesta y coherente son fundamentales para establecer y mantener límites en una relación.

Fomentar el crecimiento individual y mutuo

Crecer individualmente en una relación es esencial para tener una relación sana y gratificante. Para lograr esto se tienen diferentes pautas a seguir. Como primera de ellas se tiene el fomentar la comunicación abierta, y esto trata de comunicar las metas y deseos individuales a tu pareja. trabajar juntos en un plan y evocar su crecimiento mutuo. Luego de esto, como segunda pauta se tiene que honrar la individualidad, y esto no es más que respetar los intereses, opiniones y preferencias individuales ya que ambos miembros de la relación deben permitirse crecer y desarrollarse personalmente, respetando tanto los objetivos individuales como los objetivos compartidos. Siempre debe existir el apoyo mutuo, y esta es la tercera pauta en la que se brinda apoyo emocional y motivación las dos partes, tratando de ser siempre un apoyo cercano y dispuesto. Además de esto se debe buscar el aprendizaje fuera de la propia zona de confort, aprovechen la relación para probar cosas nuevas y aprender de la otra persona. Otra cosa muy importante es tomar en cuenta el espacio y tiempo personal, y aquí se debe dejar el espacio y tiempo personal que cada miembro de la relación necesita para crecer individualmente.

Adaptar la comunicación y expectativas es otra manera de poder mejorar la comunicación y expectativas a lo largo del tiempo y con esto lograr el tan anhelado crecimiento compartido. Como se dijo anteriormente también es necesario ser independiente y aprender a ser desapegados y disfrutar del propio tiempo y espacio. Esto ayuda al desarrollo personal y puede enriquecer la relación en otros aspectos, para que esta no termine siendo una relación de codependencia. Y como último punto se tiene el tomar decisiones informadas, esto se logra tomando en cuenta a la otra persona. Decidan y hagan que estas decisiones sean informadas y bien pensadas para el crecimiento individual y compartido.

Crecer individualmente en una relación se trata de apoyarse, dedicar tiempo a los intereses individuales, mantener el respeto y el apoyo, y colaborar en proyectos en conjunto. Es primordial el crecer juntos, pero también aprender a tener sus propias metas y ser independientes para un crecimiento personal sano. Ahora bien, esta primera sección del subcapítulo busca ese crecimiento personal, pero ¿Qué sucede con el crecimiento en pareja? Pues bien:

Crecer dentro de una relación requiere de ambas partes un compromiso y esfuerzo continuo, por lo que aquí se muestra son algunas cosas que pueden ayudar a crecer dentro de una relación a nivel grupal:

- Comunicación sincera y abierta: Es importante tener una comunicación honesta y abierta para compartir sentimientos, necesidades, deseos y expectativas. Esto ayuda a construir una conexión emocional más profunda y a resolver problemas de manera constructiva.

- Respeto y apoyo mutuo en todo momento: Ambas partes deben tener un respeto mutuo y apoyarse entre ellos en sus objetivos y metas. Esto ayuda a fortalecer el vínculo y fomentar el crecimiento personal.

- Compromiso incondicional sobre aquello que decida la pareja: El compromiso de la pareja el uno con el otro es esencial para el crecimiento. Es importante ser flexible y estar dispuesto a comprometerse y hacer ajustes y cambios necesarios para apoyar el crecimiento mutuo.

- Honestidad y transparencia: Es importante ser honesto y transparente en todos los aspectos de la relación. Esto incluye la comunicación, las finanzas, los planes futuros, así como su comportamiento y acciones. No se debe dejar de lado algún acto por pequeño que sea ya que se estaría fomentando la deshonestidad y también se estaría alimentando la desconfianza.

- Resolución constructiva de conflictos: Es normal tener diferencias y conflictos en una relación, pero es vital aprender a resolverlos de manera constructiva para evitar daños mayores. Es importante abordar los problemas con respeto y empatía y mantener el diálogo abierto para alcanzar soluciones efectivas.

- Ánimo al crecimiento individual: Cada miembro de la relación debe apreciar el desarrollo personal y apoyar el crecimiento de la otra persona. La pareja debe fomentar la autoexploración, aprendizaje y enriquecimiento personal.

- Celebración compartida de los éxitos: Reconocer y apreciar los éxitos de la pareja juntamente significa una conexión más profunda y ayuda a mantener el compromiso a largo plazo.

Como se puede observar, el crecimiento dentro de una relación se trata de establecer una conexión emocional más profunda, apoyarse mutuamente, ser honestos y respetuosos en la comunicación, resolver conflictos de manera constructiva y celebrar los éxitos compartidos. El ascenso en una relación no es una tarea fácil, pero teniendo en cuenta los consejos aquí mostrados, el crecimiento a nivel tanto individual como grupal será excepcional.

Fomentar el autocuidado físico, mental y emocional

Practicar hábitos saludables de alimentación y ejercicio

Fomentar el ejercicio y la alimentación sana puede ser beneficioso no solo para tu relación sino también para la salud física y mental de ambos miembros de la pareja. Aquí hay algunas sugerencias para ayudar en ese proceso:

- Programar juntos actividades de interés: En esta parte se insta a que programen juntos qué tipo de actividades desean hacer, ya sean entrenamiento de fuerza, yoga, ejercicios HIIT o cualquier otro. Además, tienen que hacer un cronograma para la alimentación en casa, tratando de incluir una variedad de alimentos saludables y nutritivos.

- Buscar apoyo mutuo: Traten de hacer actividades juntos, y aunque esto suena muy similar a lo anterior ya que es para fomentar el compromiso y el apoyo mutuo, aquí lo que se busca es que esas actividades juntos se hagan en el mismo espacio y a las mismas horas para que, en caso de una desmotivación por parte de uno u otro quede cubierta por el ánimo del otro, ya que saber que tienes un compañero que te apoya para hacer cambios en tu estilo de vida hace que sea más fácil y agradable.

- Trabajar en equipo: Apoya a tu pareja y ayúdala a mantenerse motivada, especialmente cuando tienen un momento difícil, esto es importante y toca mucho lo mencionado anteriormente. Encuentra maneras de motivar juntos para hacer cambios en hábitos alimenticios y de actividad física a lo largo del tiempo.

- Mostrar la creatividad: Sean creativos y diviértanse mientras realizan actividades saludables juntos, como hacer ejercicio en pareja o cocinar comidas saludables y nutritivas juntos. Todo aquello que incluya una mejora en el estilo de vida debe compartirse con el otro e instar a que no abandone, ya que se está cuidando la longevidad de un compañero que es para toda la vida.

- Enfocarse en el progreso y no en la perfección: Celebra los logros obtenidos, ya sean grandes o pequeños. Los cambios rara vez ocurren de la noche a la mañana, pero cualquier paso en la dirección correcta cuenta como progreso, así que, si sientes a tu pareja animada por un logro, no importa cuán pequeño parezca, celebra con ella.

- Ser flexible: Los cambios en el estilo de vida no deben ser percibidos como una restricción. Aprende a ser flexible y compasivo el uno con el otro en las metas, y disfruta de la vida juntos sin ninguna presión.

Es bien sabido que fomentar la actividad física y la nutrición saludable en una relación puede ser una experiencia divertida y motivante. Por ese motivo deben apoyarse mutuamente, ser creativos y celebrar su progreso, juntos.

Cuidar la salud mental

Aunque el esfuerzo personal y la comunicación son importantes para mantener una relación saludable, en ocasiones es necesario buscar ayuda profesional cuando una relación se enfrenta a problemas complicados. Estas son algunas señales a tener en cuenta para decidir si es necesario buscar ayuda profesional dentro de una relación:

- Conflictos frecuentes y continuos: Si los conflictos se vuelven frecuentes, se acaloran rápidamente y se prolongan en el tiempo, es señal de que se necesita ayuda externa para resolver el conflicto más profundamente.

- Comunicación deficiente: Si la comunicación se vuelve tensa, se siente bastante abrumadora o inefectiva, los miembros de la relación parecen incapaces de comunicarse abierta y honestamente entre sí, etc. Es necesario buscar ayuda para mejorar la comunicación y la empatía dentro de la relación.

- Problemas de confianza: Si existe falta de confianza entre los miembros ocasionada por infidelidad, engaño, o falta de honestidad, probablemente es necesaria la ayuda de un profesional para tratar de solventar esta situación cuanto antes.

- Problemas de salud mental: Si un miembro de la relación está luchando con problemas de salud mental como puede ser la depresión, la ansiedad, y el trauma a algún evento pasado, puede ser extremadamente difícil para ambos miembros de la relación manejar los desafíos de la situación. En tal caso, la ayuda y el apoyo profesional pueden ser útiles.

- Desinterés en la relación: Si uno de los miembros parece perder interés en la relación y no está dispuesto a trabajar en los problemas, puede ser necesario buscar ayuda para determinar la viabilidad de la relación y si está en la mejor disposición de ambos el permanecer juntos.

Tal como se puede ver, buscar ayuda profesional no es un signo de fracaso, sino el reconocimiento de que se necesita ayuda adicional para lidiar con problemas complejos. Si se nota alguna de estas señales, considera buscar apoyo o ayuda profesional para mejorar la salud y fortaleza emocional de la relación.

Realizar actividades que promuevan la relajación y el bienestar

Promover la relajación con la pareja puede crear un ambiente de tranquilidad ayudando así a fortalecer la conexión emocional y física en su relación. Aquí se anexan algunas pautas para ayudar a promover la relajación entre ambas partes:

Actividad	De lo que trata dicha actividad
Dedicar tiempo para la relajación	Hagan que la relajación sea una prioridad en sus vidas. Busquen oportunidades para desconectar de la tecnología y reducir los niveles de estrés como paseos al aire libre.
Crear un ambiente relajante	Crear un ambiente que facilite la relajación, como apagar las luces, usar velas, música relajante y aromaterapia, pueden ayudar en la relajación.
Hacer actividades relajantes juntos	Practiquen actividades relajantes juntos, como yoga, meditación, caminatas o simplemente compartiendo un masaje relajante. Esto puede ayudar a ambos a desacelerar y encontrar un equilibrio mental y emocional.
Pasar tiempo en la naturaleza	Salgan a caminar por la naturaleza juntos, acampen, hagan una caminata o simplemente pasen tiempo en la playa, parques o bosques. La naturaleza puede ser un entorno mucho más relajante para ayudar en su conexión.
Compartir momentos de silencio	Pasen tiempo juntos en el silencio, sea que estén dándose un masaje mutuo o simplemente tomando una taza de té en la terraza juntos. Fomenta una conexión física y emocional profunda.
Hablen sobre sus sentimientos	Hablen abierta y honestamente. Hablar sobre los pensamientos y sentimientos puede ayudar a aliviar la tensión emocional y ayudar en su comprensión mutua.

Visto de esta manera, promover la relajación en su relación es importante para el bienestar emocional y físico de ambos. Dediquen entonces el tiempo para actividades de relajación juntos, creen un ambiente relajante, compartan momentos de silencio, hablen sobre sus sentimientos y pasen tiempo en la naturaleza para ayudar a relajar las tensiones.

Cómo mantener una identidad propia dentro de la relación

Cultivar intereses y pasatiempos individuales

Las relaciones pueden ser complicadas. Al unirse románticamente una con otra persona, a menudo se encontrarán teniendo que equilibrar los propios intereses con los de la pareja. En una relación saludable, esto significa encontrar un camino intermedio que satisfaga tanto los intereses individuales como los de la pareja. Sin embargo, esto puede ser difícil de lograr.

Uno de los mayores desafíos de manejar los intereses individuales en una relación es encontrar la manera de satisfacer las necesidades propias y deseos, mientras también se presta atención a lo que es importante para la pareja. Para comunicar esos intereses individuales, es importante ser honesto y directo con tu pareja. Discutir lo que te importa y por qué, escuchar las necesidades y deseos de la pareja igualmente.

Otro desafío es aprender a negociar. A veces, las necesidades, deseos e intereses de cada persona pueden entrar en conflicto. En estos momentos, es importante estar dispuestos a comprometerse. Si eso significa hacer algunos ajustes en lo que se quiere o se está dispuesto a hacer, es importante estar abierto a eso.

Una tercera cosa a tener en cuenta es la importancia de mantener una identidad individual en una relación. Solo porque estés en una relación no significa que tengas que poner todos tus intereses en espera. Es saludable seguir teniendo los propios intereses y ambiciones, y esperar que la pareja lo haga también. Incluso se pueden encontrar formas de compartir algunos de esos intereses juntos como se ha visto a lo largo de este libro, siendo incluso el mismo una actividad la cual se puede hacer de manera conjunta ya que el salvar una relación depende de ambos.

Equilibrar los intereses individuales y los de la pareja puede ser una tarea difícil en una relación. Sin embargo, si se es honesto, se está dispuesto a negociar y se mantiene una identidad individual, se puede estar seguro que ambas partes estarán en el camino correcto hacia una relación satisfactoria y saludable.

Mantener una red de apoyo social fuera de la relación

El apoyo social es increíblemente importante para la salud y bienestar emocional. Contar con una red de apoyo sólida puede ayudar a superar momentos difíciles, afrontar situaciones estresantes, y simplemente disfrutar de la vida. Aunque es posible encontrar apoyo en una relación sentimental, también es importante tener apoyo social fuera de una relación. Por ese motivo se exponen a continuación algunas cosas que se pueden hacer para crear una red de apoyo sólida:

1. Hacer una lista de amigos y familiares

Haz una lista de las personas en tu vida que te apoyan y están disponibles para ti. Esto puede incluir amigos cercanos, familiares, mentores, compañeros de trabajo, miembros de un grupo social en particular, o incluso un terapeuta. Asegúrate de que tu red de apoyo sea diversa para que tengas varias opciones de personas que puedan comprender y satisfacer tus necesidades.

2. Buscar grupos de personas con intereses similares

Los grupos con intereses similares pueden ayudarte a crear una red de apoyo positiva. Busca grupos relacionados con tus intereses, como grupos de lectura, grupos de senderismo, grupos de meditación, etc. Unirse a uno de estos grupos te permitirá conocer nuevas personas con intereses similares y puede ser una oportunidad de hacer amigos y conectarte.

3. Mantener el contacto con la red de apoyo

Mantén el contacto con la gente de tu red de apoyo. Envíales un mensaje para ver cómo están, visita a tus amigos y familiares, invita a la gente a salir, o incluso llama por teléfono. Asegúrate de tener un contacto regular con las personas de tu red para crear y mantener relaciones duraderas.

4. Ser también una fuente de apoyo para los demás

Una buena manera de construir una red de apoyo es ser una fuente de apoyo para los demás. Ayuda a amigos y familiares cuando puedas, ofrécete de voluntario, escucha a los demás cuando necesiten desahogarse, y ofrece palabras de aliento. Al ayudar a los demás, es más probable que se sientan inclinados a ayudarte a ti cuando necesites algún tipo de apoyo.

5. Establecer límites saludables

Es importante establecer límites saludables en tus relaciones. Es importante que dentro de cualquier relación existan límites que permitan hacer entender al otro que hay barreras que no se pueden quebrantar.

Comunicarse abierta y honestamente sobre las necesidades personales

La comunicación honesta y efectiva es la clave del éxito para cualquier matrimonio. Cuando se trata de comunicar tus intereses personales, por tal motivo aquí se dejarán algunos consejos útiles para que se pueda hablar abiertamente y con confianza con esa persona amada:

1. Hablar con claridad y franqueza

Es importante hablar claramente y sin ambigüedades en tu relación. Al hablar sobre los intereses personales, es importante ser honesto y transparente. Comparte tus pensamientos y sentimientos de manera clara y concisa, explicando por qué es importante para ti en términos reales.

2. Ser respetuoso y amable

Asegúrate de que tu comunicación sea respetuosa y amable, evitando cualquier comentario arrogante o desestimando los intereses de tu pareja. Demuestra empatía y comprensión, evitando críticas y comentarios innecesarios.

3. Escuchar activamente

Y en este punto se vuelve a retomar el tema, pero es que escuchar activamente es clave para una buena comunicación en el matrimonio. Asegúrate de darle a tu pareja la oportunidad de hablar y escucha atentamente sus pensamientos y sentimientos. Esto puede ayudarte a comprender mejor sus intereses y hacer que sea más fácil encontrar un terreno común para satisfacer tus propios intereses y también los de tu pareja.

4. Buscar soluciones juntos

Cuando se trata de intereses personales, es clave buscar soluciones juntos y esto es algo que se repite constantemente en este libro. Una forma de hacerlo es discutir juntos cómo pueden lograr sus objetivos. Hagan una lista de sus objetivos individuales y discutan cómo pueden apoyarse mutuamente para alcanzarlos. Busca soluciones creativas y cooperativas.

5. Comprometerse a nivel profundo con la pareja

Finalmente, comprometerse es fundamental para alcanzar los intereses de ambos en el matrimonio. Comprometerte a encontrar soluciones que satisfagan tanto tus intereses como los de tu pareja es clave para mantener una comunicación honesta y amorosa en tu matrimonio. Asegúrate de que ambos se sientan valorados y apreciados en la discusión y la toma de decisiones.

Capítulo 9

Juegos y actividades para fortalecer el vínculo

Ejercicios prácticos para fortalecer la conexión emocional

Fortalecer emocionalmente a una pareja es fundamental para mantener una conexión sólida y sana. Aquí hay algunos ejercicios que pueden ayudar a fortalecer emocionalmente a una pareja:

1. Practicar la comunicación efectiva

Un ejercicio básico pero efectivo es practicar la comunicación efectiva. Practica escuchar activamente a tu pareja, respondiendo con respeto y honestidad. Una comunicación efectiva ayudará a fortalecer la conexión emocional en tu relación. Y sé que posiblemente algunos lectores piensen que hacerlo no trae consigo buenos resultados, pero tal vez esta historia cambie un poco esa perspectiva:

"En cierta ocasión, la pareja de Anthony y Katy llegaron con esta historia. Eran una pareja felizmente comprometida y habían estado juntos por varios años. A pesar de amarse profundamente, habían estado teniendo problemas en su relación. Anthony trabajaba mucho y estaba agotado cuando llegaba a casa, lo que lo hacía menospreciar muchas veces a Katy y no prestarle atención.

La actitud de Anthony hacía que Katy se sintiera ignorada y poco valorada, lo que llevó a peleas constantes y distanciamiento entre ellos. Pensaron en separarse varias veces, pero decidieron darse otra oportunidad.

Katy decidió que la comunicación era la clave para salvar su relación y decidió hablar con su pareja al respecto. Comenzó a expresarle sus sentimientos y preocupaciones sin juzgarlo ni culparlo, y se aseguró de que supiera que lo amaba.

Por su parte, Anthony escuchó atentamente y le prometió que haría su mejor esfuerzo para darle a Katy la atención que se merecía. También comenzó a hablar sobre sus necesidades en la relación y solicitar el apoyo de la pareja para que pudiera tener una carga de trabajo más equilibrada.

A medida que comenzaron a escucharse mutuamente y comunicarse de manera efectiva, su relación comenzó a mejorar significativamente. Pudieron resolver conflictos sin llegar a pelear y empezaron a apreciarse y respetarse en mayor medida. Finalmente, se inspiraron en afrontar los obstáculos juntos y trabajaron en equipo para volver a conectarse y fortalecer su amor. De esta forma la comunicación efectiva entre ellos, los ayudó a salvar su relación y encontrar una felicidad renovada."

2. Realizar círculos de retroalimentación

Los círculos de retroalimentación pueden ayudar a fortalecer la conexión emocional y la autoconsciencia en la pareja. Tomen turnos para hablar sobre sus emociones, inquietudes y necesidades, mientras la otra persona escucha activamente y responde con respeto y apoyo. Para ello si notan que la conversación llega a un punto en el cual es muy difícil mantener los turnos pueden utilizar un cronómetro y dar una cantidad de minutos para que cada uno pueda hablar sin ser interrumpido. Unos 3 o 5 minutos por turno puede marcar la diferencia en la comunicación y respeto de pareja.

3. Practicar la gratitud y la apreciación

La práctica de la gratitud es una forma efectiva de fortalecer la conexión emocional en una pareja. Esto consiste en que ambos tomen turnos para hacer una lista de cosas por las que están agradecidos en su relación, incluyendo cosas que han hecho el uno por el otro, así como las pequeñas cosas que hacen que su relación sea especial. Y para ejemplificar de lo que va esto, es más viable que se entienda mejor la gratitud vista desde otra óptica:

"Ana y Pedro llevaban unos años juntos. En un momento de su relación, empezaron a tener problemas de comunicación. Ana sentía que Pedro no le prestaba la atención que ella necesitaba, mientras que Pedro sentía que Ana a menudo era crítica y poco comprensiva con él.

Un día, Ana se dio cuenta de que tenía que cambiar su actitud y comenzó a practicar la gratitud con Pedro. Empezó a prestar más atención a las cosas que Pedro hacía por ella y agradeció con una sonrisa o un abrazo cada vez que él hacía algo sin que ella lo pidiera. A su vez, Pedro comenzó a sentirse apreciado y también empezó a expresar su gratitud con la misma sinceridad hacia Ana.

Al principio, les costó trabajo cambiar sus patrones de comportamiento, pero con el tiempo la actitud de cada uno comenzó a reforzar la del otro. Ana y Pedro comenzaron a tener más momentos felices juntos y se dieron cuenta de que su relación había mejorado significativamente gracias a su enfoque en la gratitud y la apreciación mutua.

Ahora, en vez de sentirse como dos personas que están en constante lucha, Ana y Pedro se sienten más cerca el uno del otro. La gratitud que expresaban mutuamente les había ayudado a sanar las heridas emocionales, crear un equilibrio y fortalecer su unión, incluso en los momentos más difíciles."

"La palabra más bella del mundo siempre será, ¡Gracias!"

4. Utilizar el contacto físico

El contacto físico como los abrazos, los besos y el contacto visual, pueden ayudar a fortalecer la conexión emocional en una pareja. Tienen que tomarse el tiempo para abrazarse, darse un beso y mirarse a los ojos mientras hablan. El contacto físico puede ayudar a aumentar la intimidad emocional y el compromiso en la relación.

5. Manejar el estrés juntos

Manejar el estrés y la ansiedad juntos es una forma efectiva de fortalecer la conexión emocional en una pareja. Se debe trabajar juntos para encontrar soluciones efectivas para manejar el estrés, como hacer ejercicio juntos, practicar técnicas de relajación o simplemente hablar abiertamente sobre tus preocupaciones.

6. Hacer cosas nuevas

Intentar cosas nuevas, como explorar nuevas áreas, probar actividades que nunca antes habían hecho o planear una aventura juntos, puede ayudar a fortalecer la conexión emocional en una pareja.

Juegos de pareja para mejorar la comunicación

Juegos de roles para practicar la empatía

Nombre del juego	Descripción
Cambiando de roles	En este juego, cada uno asume el rol del otro en situaciones cotidianas. Por ejemplo, podrían actuar como si fueran la otra persona durante una conversación difícil o estuvieran haciendo una tarea doméstica. Esto les permitirá experimentar cómo se siente el otro y cómo percibe las cosas.
¿Qué pasaría si?	Este es un juego que te lleva a imaginar cómo podría ser la vida de tu pareja bajo diversas circunstancias. Pregúntate, ¿cómo se sentiría si perdiera su trabajo o si le tocara ser quien estuviera cuidando de los niños todo el día? Aprender a ponerse en el lugar de la otra persona les permitirá desarrollar una mayor comprensión empatía hacia su pareja.
Visualización	En este juego, se toman turnos para compartir historias imaginarias en las que ambos están presentes. Por ejemplo, podrías describir cómo sería si fueran a un safari juntos o algún otro escenario que deseen compartir. Esto les permitirá explorar juntos diferentes opciones y se harán conscientes de los deseos y necesidades de cada uno.
Yo siento	Un miembro de la pareja habla de sus emociones en un punto específico del tiempo, como por ejemplo al final del día, y el otro miembro escucha atentamente. El otro miembro de la pareja luego responde a lo que escuchó con frases de comprensión y empatía, como "Puedo entender

	cómo te sientes" o "Siento tu dolor. ¿Quieres hablar sobre ello?"
Palabras de aprecio	En este juego uno de los miembros de la pareja elabora una lista de las cosas más apreciadas de la otra persona y viceversa. Luego, se leen las listas al otro miembro de la pareja para que puedan sentir la gratitud mutua que comparten. Está prohibido todo tipo de palabras, recuerdos o momentos negativos.

Es recomendable que, para cualquier tipo de juego de rol, ambos miembros de la pareja estén abiertos y dedicados a participar de una manera auténtica y respetuosa.

Beneficios de aplicar la empatía

- Aumenta la intimidad emocional

La empatía fomenta la comprensión y la conexión emocional profunda entre los miembros de la pareja. Esto ayuda a crear un espacio emocional seguro en la relación.

- Favorece la colaboración

La empatía permite a los miembros de la pareja trabajar juntos hacia objetivos comunes. Al comprender y apoyar las necesidades del otro, se fomenta la colaboración en lugar de la rivalidad.

- Reduce el conflicto

Comprender el punto de vista del otro y estar abierto a sus necesidades reduce la tensión y el resentimiento en la relación. La empatía permite a los miembros de la pareja abordar el conflicto desde una posición más positiva.

- Fomenta la resolución de problemas

Al ponerse en el lugar del otro, la pareja puede encontrar soluciones que satisfagan las necesidades de ambos.

Esto fomenta el diálogo y la resolución de problemas constructiva en la relación de las siguientes maneras:

1. Mejora la comunicación

La empatía implica prestar atención y escuchar activamente, lo que conduce a una comunicación más efectiva y fluida.

2. Cultiva la aceptación

Entender el punto de vista del otro fomenta la aceptación y el respeto. La empatía ayuda a superar las diferencias y a encontrar un espacio común de aceptación en la relación.

3. Crea un ambiente afectivo positivo

La empatía reduce la tensión y el estrés en la relación, lo que crea un ambiente afectivo más positivo.

4. Aumenta la satisfacción en la relación

La empatía fomenta una mayor comprensión, conexión emocional y aceptación, lo que contribuye a una mayor satisfacción en la relación a nivel emocional y de madurez.

5. Favorece a la flexibilidad

La empatía ayuda a las parejas a adaptarse a los cambios y desafíos en la relación. Al comprender las necesidades del otro, se fomenta la flexibilidad y la disposición a cambiar.

6. Promueve el bienestar individual

La empatía no solo beneficia a la relación, sino que también puede tener efectos positivos en el bienestar individual ya que, si una persona es empática con su pareja, también lo es consigo misma ya que deja de juzgarse duramente por alguna situación que no haya podido manejar anteriormente.

Juegos de preguntas y respuestas para profundizar el conocimiento mutuo

Para poder llegar a un nivel más consciente en lo que respecta a la pareja, se puede hacer de útil y divertido juego que explora, mediante 15 preguntas; esas anécdotas vividas o guardadas de la pareja:

Preguntas	Respuesta
¿Cuál es tu primer recuerdo de la infancia?	
¿Cuál es tu mejor recuerdo de la adolescencia?	
¿Cuál es tu comida favorita?	
¿Cuál es tu actividad favorita?	
¿Cuál es tu lugar favorito en el mundo?	
¿Cuál es la música o canción que más te gusta?	
¿Cuál es tu película favorita?	
¿Cuál es tu libro favorito?	
¿Cuál es tu meta a largo plazo?	
¿Cuál ha sido tu mayor inspiración en la vida?	
¿Cuál es el momento más feliz que has vivido conmigo?	
¿Cuál es tu mayor temor? ¿Cómo lo superas?	
¿Cómo te gustaría ser recordado por los demás?	
¿Cuál ha sido tu mayor aprendizaje en la vida hasta ahora?	
¿Qué es lo que más valoras en la vida?	

Las preguntas son solo una guía, cada uno de los involucrados puede sentirse libre de agregar sus propias preguntas para adaptar el juego a las necesidades y curiosidades específicas que se tengan respecto a la pareja. Este juego es una excelente forma de conocer a tu pareja de una manera divertida y educativa, y ambos podrán aprender cosas nuevas el uno del otro.

¡Disfruten haciendo esta actividad juntos y aprendan a conocerse más profundamente!

¡Si lo hacen acompañados de una comida rica será mucho mejor!

Juegos de palabras y rompecabezas para estimular el cerebro y divertirse juntos

Ahora, a manera de estimular un poco el cerebro a la vez con la convivencia con esa persona amada y especial, pueden empezar con un juego de palabras divertido y estimulante de nombre "Palabras Encadenadas" y la mecánica es sencilla:

1. Una persona comienza diciendo una palabra aleatoria.

2. La siguiente persona debe decir una palabra nueva que comience con la última letra de la palabra anterior (Por ejemplo, si la primera palabra es "gato", la segunda persona podría decir "olor").

3. El juego continúa de esta manera, con cada persona diciendo una palabra nueva que comienza con la última letra de la palabra anterior, hasta que uno de los jugadores no pueda pensar en una palabra nueva.

4. El jugador que no puede pensar en una palabra nueva pierde ese turno y su oponente gana un punto.

5. El juego continúa hasta que se alcance un número determinado de puntos o hasta que alguna de las parejas decida que se ha jugado suficiente.

Este juego de palabras es ideal para parejas que desean divertirse mientras estimulan su cerebro. Es muy fácil de jugar y se puede hacer en cualquier lugar. El punto crucial de este juego son las temáticas, en las cuales podrán adoptar el juego a "formas cariñosas de llamarse", en el plano "sexual", "cosas que le gusten a la pareja", etc.

¡Dejen que su imaginación vuele!

Se debe entender que reír con la persona amada no solo es divertido y placentero, sino que también tiene varios beneficios para la salud y la relación. Aquí hay algunos beneficios importantes de reír en pareja:

1. Fortalece los vínculos emocionales: Reír con tu pareja te ayuda a crear un ambiente positivo y a fortalecer los vínculos emocionales. La risa es una gran manera de conectar con tu pareja y de crear experiencias divertidas e inolvidables juntos.

2. Reduce el estrés: Reír en pareja puede ayudar a reducir los niveles de estrés. La risa libera endorfinas y otros químicos en el cuerpo que producen una sensación de bienestar y relajación.

3. Mejora la comunicación: Cuando te ríes con tu pareja, generalmente estás en un estado de ánimo relajado y feliz, lo que puede mejorar la comunicación entre ambos. Además, reír juntos puede ayudar a romper el hielo en situaciones tensas o incómodas.

4. Aumenta la intimidad: Reír con tu pareja también puede aumentar la intimidad y la cercanía emocional. La risa puede hacer que ambos se sientan más cómodos y seguros juntos, lo que puede ayudar a mejorar la conexión física y emocional.

En definitiva, reír con tu pareja tiene muchos beneficios para la salud y la relación. Además, es una forma divertida y fácil de fortalecer los vínculos emocionales y crear recuerdos positivos juntos. Así que no dudes en compartir una buena risa con tu pareja siempre que puedas.

Actividades para aumentar la complicidad y la intimidad

Masajes y relajación en pareja

Preparación: Crea un ambiente relajante para el masaje. Asegúrate de que la habitación esté cálida, que la iluminación sea suave y que haya una música suave de fondo. También es importante que tengas aceite para masajes y toallas a mano.

Posición: Tu pareja debe estar tumbada boca abajo con una toalla debajo del cuerpo para proteger la ropa de cama. Coloca una almohada debajo del pecho para más comodidad.

Empezar en la espalda: Comienza masajeando suavemente los hombros con las palmas de las manos. Luego desliza tus manos por la espalda, desde la base del cráneo hasta los glúteos. Utiliza ambos lados de las manos para aplicar presión en la espalda, alternando entre las manos y los pulgares.

Continuar con las piernas: Aplica aceite para masajes en las piernas y utiliza tus manos para frotar suavemente los cuádriceps. Luego masajea los gemelos con movimientos suaves y circulares.

Proseguir con los pies: Masajea los pies con los dedos, dando un masaje suave y rotativo en la planta del pie. Utiliza los pulgares para masajear los talones y los arcos de los pies.

Terminar en la cabeza: Utiliza tus dedos para masajear suavemente el cuero cabelludo, moviendo los dedos lentamente en círculos y aplicando presión en los puntos donde la tensión se haya acumulado.

Siempre tener en mente y cuenta los detalles: Presta atención a las zonas que puedan ser más sensibles, como el cuello o las muñecas. Presta atención a la respiración de tu pareja, y si notas algún indicio de incomodidad, haz ajustes en la presión o cambia la técnica que estés utilizando.

Siguiendo estos sencillos pasos, se puede aprender a masajear y relajar a la pareja. Esto no solo les ayudará a relajarse, sino que también les permitirá fortalecer los vínculos íntimos.

Como es de esperarse, el masaje puede ser utilizado para generar un momento especial. Este no debe llevarse a cabo únicamente siguiendo las pautas mostradas, sino que también se puede usar para establecer frases que relajen a nivel mental a la pareja. Por ese motivo aquí están las mejores frases para utilizar durante el masaje.

1. "¿Estás cómodo/a? Avísame si necesitas ajustar alguna cosa".

2. "Estoy usando la cantidad adecuada de presión, pero por favor, házmelo saber si algo es demasiado intenso".

3. "Relaja todo tu cuerpo y trata de no pensar en nada más que en el masaje".

4. "Estoy aplicando una presión extra en esa zona para ayudar a liberar la tensión muscular".

5. "Dime si necesitas menos o más presión en cualquier momento".

6. "Está bien respirar profundamente y dejarte llevar".

7. "Estoy intentando enfocarme en las zonas más tensas y trabajar en ellas".

8. "¿Te gusta el nivel de presión que estoy aplicando? Si no, házmelo saber".

Recuerda que no solo masajeas su cuerpo, sino que también le hablas y ayudas a liberar la tensión mental. Empieza con estas frases y ve experimentando lo que funciona mejor para tu pareja y para ti.

Lo importante es que ambos disfruten del momento.

Bailar juntos para fomentar la conexión física

Dentro de la comunicación y sincronización de parejas está demostrado que bailar es la mejor alternativa para hacer esto. Dentro del baile puede haber una gran variedad de estilos y en este libro se muestran los que mejor se adaptan a este fin:

Baile	Descripción
Salsa	La salsa es un estilo de baile latino que es conocido por su energía y sensualidad. Es un estilo de baile en pareja que involucra muchas vueltas y movimientos de cadera que pueden ayudar a aumentar la conexión física entre la pareja.

Tango	El tango es un baile romántico que se originó en Argentina. Es un estilo de baile en pareja que es conocido por su elegancia y pasión. Los movimientos dramáticos y las caminatas sincronizadas pueden ayudar a la pareja a conectar a un nivel más profundo.
Bachata	La bachata también es un estilo de baile latino que es conocido por su sensualidad. Es un baile en pareja que cuenta con movimientos ondulantes y un ritmo suave que puede ayudar a conectar a la pareja a un nivel más físico e íntimo.
Kizomba	La kizomba es un estilo de baile afro-latino que se originó en Angola. Es un estilo de baile en pareja que es conocido por su fluidez y sensualidad. Los movimientos lentos y sensuales pueden ayudar a la pareja a conectarse en un nivel más profundo.
Ballet	Aunque el ballet es un estilo de baile más tradicional, también puede ayudar a aumentar la conexión física entre parejas. Los movimientos gráciles y suaves pueden ayudar a la pareja a conectarse de una manera más elegante y romántica.
Swing	El swing es un estilo de baile en pareja que es conocido por su energía y animación. Los movimientos rápidos y saltos pueden ser sensuales y a la vez intensos, lo que puede aumentar la conexión física entre la pareja.

Esta selección es muy general ya que, aunque estos son algunos ejemplos de estilos de baile basados en la conexión que se puede generar entre ambas partes durante su ejecución, cualquier tipo de baile en pareja puede ayudar a crear una conexión física más fuerte entre las parejas. Lo importante es encontrar un estilo de baile que les guste a ambos y que puedan disfrutar juntos.

"Ángel y Victoria, llevaban juntos seis años y la relación estaba pasando por un momento difícil. Sus trabajos les consumían mucho tiempo y no se estaban dedicando el uno al otro como solían hacerlo. Ellos estaban desconectados emocionalmente, y la física de su relación había desaparecido.

Un día, mientras paseaban en el parque, escucharon música en vivo. Al acercarse, descubrieron que era una pareja bailando salsa. Ambos quedaron hipnotizados por la energía y la pasión con la que la pareja se movía. Se quedaron viéndolos por un rato, hasta que el bailarín se acercó y les preguntó si querían intentarlo.

Al principio, los dos se sintieron un poco avergonzados y torpes. Pero mientras continuaron bailando, algo en la dinámica entre ellos cambió. Empezaron a conectarse físicamente de una manera que no habían hecho en años, y esa conexión se extendió a un nivel emocional más profundo.

A partir de ese día, tanto uno como el otro comenzaron a ir a clases de salsa y empezaron a aprender otros estilos de baile. Eventualmente incluso comenzaron a enseñar a otras parejas. El baile se convirtió en una parte importante de su relación, les permitió conectarse en un nivel físico e íntimo que no habían experimentado en años.

Con el tiempo, se dieron cuenta de que la vida y la relación no se trata sólo de trabajar y estar juntos, sino también de disfrutar el momento y divertirse juntos. Descubrieron que podían volver a enamorarse uno del otro a través de la música y del baile.

La pasión que habían encontrado en la pista de baile, se había transpuesto a su vida cotidiana. Volvieron a tener esa chispa que habían perdido, y su relación se volvió más fuerte y apasionada gracias al baile."

130

Capítulo 10

Celebrando el progreso y mirando hacia el futuro

Reflexionar sobre el viaje de 30 días y los logros alcanzados

Reconocer el esfuerzo y los cambios positivos en la relación

Cuando una pareja se encuentra en una crisis en su relación, es normal preguntarse si alguna vez podrá recuperar la chispa que una vez tuvieron juntos. Sin embargo, si están dispuestos a trabajar juntos, es posible salvar su relación y reconectar emocionalmente después de un tiempo.

Después de haber trabajado juntos durante al menos un mes en la recuperación de su relación, es importante que la pareja reflexione sobre su camino. Es común que los logros que se consiguen durante un plazo corto, no sean sostenibles después de un tiempo, por lo que es importante evaluar qué se logró durante esos 30 días y cómo pueden mantener los cambios positivos.

Primero, la pareja debe mirar hacia atrás y celebrar los éxitos que alcanzaron juntos. Es importante reconocer cómo han mejorado su conexión emocional y las formas en que han mejorado su comunicación. También se debe reconocer cómo han mejorado la intimidad física y emocional entre ellos.

En segundo lugar, es importante que la pareja reflexione sobre el trabajo que aún queda por hacer. Aunque es importante celebrar los éxitos, también es necesario reconocer que una relación necesita atención continua para seguir mejorando. Esto significa hacer ajustes a los nuevos hábitos y patrones de comportamiento que adoptaron mientras trabajaban juntos durante los 30 días.

También es importante evitar volver a patrones anteriores poco saludables. La pareja debe identificar y hablar sobre las actividades y acciones que llevaron a la disminución de su conexión emocional y trabajar juntos para evitar que vuelvan a suceder en el futuro.

Una vez que la pareja reflexione sobre lo que han logrado y lo que aún falta por hacer, deben establecer metas a largo plazo para la relación. Estas metas deben ser alcanzables y deben tener un plan de acción que detalle cómo se alcanzarán. También se deben establecer metas específicas que ayuden a la pareja a seguir mejorando.

La reflexión, a manera de conclusión entonces, podría decirse que es una parte importante del proceso para recuperar una relación en un mes. La pareja debe celebrar los éxitos logrados durante ese período, reconocer el trabajo restante y establecer metas a largo plazo para mantener el crecimiento positivo de su relación, adoptando nuevos hábitos y patrones de comportamiento.

Celebrar los hitos y avances logrados juntos

Ya se ha hablado mucho de todas las responsabilidades y compromisos que tiene una pareja en la relación. Este libro busca justamente que ambas partes tomen seriedad en las situaciones; pero si solamente se enfoca la atención en las responsabilidades y los problemas la relación se torna aburrida. Es por eso que se debe celebrar aquello que se ha conseguido de forma conjunta y también los logros de la pareja, así que por ese motivo se dejan algunos ejemplos de buenas maneras de celebrar los avances:

- Dar obsequios significativos: Piensa en un obsequio que sea significativo para tu pareja. Puede ser algo que siempre haya querido tener, algo que demuestre el amor que le tienes o hasta algo que tu prometido/novio/esposa puedan usar juntos.

- Planificar un fin de semana especial: Si tus finanzas lo permiten, planifica una escapada de fin de semana a un lugar que siempre hayan querido visitar. Incluye actividades románticas, como cenas a la luz de las velas o caminatas nocturnas.

- Sorprender en el trabajo: Envía un arreglo de flores o una canasta de frutas a su trabajo en su día de logro. Esto no solo será una grata sorpresa, sino que también lo inspirará para esforzarse aún más en el futuro.

- Preparar una cena especial: Prepara una cena especial en casa, incluyendo velas.

- Masajes de pareja: Dale a tu pareja un masaje de cuerpo completo para ayudarla a relajarse después de un largo día de trabajo y esfuerzo en su logro.

Hay que recordar que mucho de lo aquí dicho ya se ha comentado con anterioridad, por lo que siempre se puede regresar a cualquier sección que se desee del libro en búsqueda de más inspiración porque, en lo que respecta a los detalles; el cielo es el límite.

Existe una serie de ventajas como seguramente los hábiles lectores pueden suponer sobre el hecho de hacer regalos que celebren los avances dentro de la relación. Es por eso que, en caso de no tener muy en claro dichas ventajas; aquí se enumerarán algunas de ellas:

1. Refuerza la relación: celebrar juntos los logros y metas alcanzados demuestra que están en la misma dirección y que trabajan juntos para lograr sus objetivos. La celebración los acerca y fortalece su relación.

2. Crea un ambiente emocional positivo: celebrar juntos los hitos de la relación genera emociones positivas y felices que se asocian con recuerdos de momentos agradables. Esto ayuda a crear un ambiente emocional positivo que puede ayudar a resolver problemas en el futuro.

3. Aumenta la autoestima: el hecho de celebrar los hitos de pareja hace que la pareja sienta que está logrando cosas buenas juntas y que se sienta orgullosa de sus logros. Esto aumenta la autoestima de ambas partes y fomenta el bienestar emocional.

4. Fomenta la gratitud: cuando celebramos los hitos de pareja, es común agradecer mutuamente a la otra persona por ser parte del logro y de la relación. Esto fomenta la gratitud y el reconocimiento hacia la pareja, lo que puede ser muy beneficioso para la relación.

5. Alienta a seguir adelante: cuando celebramos los hitos de pareja, estamos reconociendo el esfuerzo que hemos invertido para alcanzar un objetivo, lo que puede ser muy motivador para seguir adelante y trabajar duro juntos para lograr cosas aún más grandes.

Planificar metas a largo plazo para la relación

Establecer objetivos y sueños compartidos

Este paso es sumamente importante si se desea una relación que se quiera establecer a largo plazo. Los compromisos de corto alcance generan una sensación de felicidad y éxtasis aplicable a los primeros meses e incluso años de relación; pero luego de esto; si la pareja desea crecer y avanzar en otros aspectos necesita que los objetivos sean más desafiantes.

Tómense un tiempo para hablar sobre sus sueños y objetivos personales a largo plazo. Hagan una lista de todo lo que les gustaría lograr tanto individualmente como juntos como pareja. Asegúrense de que estos sueños son positivos, realistas y, lo más importante, que ambos están de acuerdo con ellos. Una vez que hayan creado su lista, elijan los dos o tres objetivos que más les interesen y que, según su criterio, sean más alcanzables a corto plazo. Ahora, definan juntos los pasos concretos que deberán seguir para lograr esos objetivos en los próximos 6 meses. Estos pasos deben ser específicos, medibles y realistas y se deben acordar en conjunto como pareja. Asignen tareas específicas y responsabilidades a cada parte de la relación para que trabajen juntos en la consecución de esos objetivos. Asegúrense de que cada tarea asignada sea manejable y alcanzable para el individuo. Y ya como último punto, establezcan un plazo para monitorear el progreso y los resultados con el objetivo de poder evaluar cómo están siendo compartidos los avances.

Ser comprometido con el plan y estar en comunicación constante es importante para lograr el éxito en tu proyecto en pareja. Este proceso les permitirá trabajar en equipo para conseguir sus objetivos y ayudar a fortalecer su relación al trabajar en conjunto, además de que les permitirá conocerse mejor como pareja y demostrarse apoyo mutuo en la consecución de los mismos.

Mantener el compromiso de seguir trabajando en la relación

Las relaciones de pareja son una parte integral de nuestras vidas y pueden proporcionar una gran cantidad de felicidad y satisfacción. A pesar de esto, muchas relaciones fracasan debido a la falta de compromiso y dedicación en el trabajo diario necesario para mantener y fortalecer la relación. En este capítulo, se discutirán los beneficios de mantener el compromiso de trabajar en una relación de pareja diariamente y se proporcionarán algunos consejos prácticos para hacerlo.

El compromiso es una parte esencial de cualquier relación exitosa. En una relación de pareja, el compromiso se refiere a la voluntad de ambas partes de trabajar juntas para mantener la relación fuerte y saludable. Esto significa dedicar tiempo y esfuerzo para comunicarse de manera efectiva, resolver conflictos de manera constructiva y expresar amor y aprecio el uno al otro.

Mantener el compromiso de trabajar en una relación diariamente puede tener muchos beneficios. En primer lugar, puede ayudar a fortalecer la confianza y la intimidad en la relación. Cuando las personas están comprometidas a trabajar juntas en su relación, aprenden a confiar el uno en el otro y a comunicarse abiertamente. Esto puede ayudar a fortalecer los lazos emocionales y a mejorar la intimidad física y emocional.

En segundo lugar, mantener el compromiso de trabajar en una relación diariamente puede ayudar a prevenir la aparición de problemas y conflictos en la relación. Cuando las parejas se comunican regularmente y están dispuestas a resolver los conflictos de manera constructiva, pueden identificar y abordar los problemas antes de que se conviertan en problemas mayores.

Ya como tercer punto se tiene que mantener el compromiso de trabajar en una relación diariamente, manteniendo la relación fresca y emocionante. Las parejas que se dedican tiempo el uno al otro y que hacen cosas juntas regularmente pueden mantener viva la chispa en su relación. Esto puede ayudar a prevenir el aburrimiento y la monotonía en la relación, lo que puede ser una causa común de problemas en las relaciones.

Entonces,

¿Cómo se puede mantener el compromiso de trabajar en una relación diariamente?

Aquí se han de recordar algunos ejemplos prácticos mencionados en el libro con más detalle:

1. Comunicación abierta y honesta: Comunicarse de manera efectiva es fundamental para mantener una relación saludable. Las parejas deben hablar regularmente sobre sus pensamientos, sentimientos y necesidades. Esto puede ayudar a prevenir malentendidos y conflictos en la relación.

2. Dedicar tiempo el uno al otro: Es importante dedicar tiempo el uno al otro regularmente. Esto puede incluir citas, actividades compartidas o simplemente pasar tiempo juntos conversando. Hacer cosas juntos regularmente puede ayudar a mantener la chispa en la relación.

3. Respetarse de forma mutua: Es importante respetar las necesidades, deseos y opiniones del otro. Las parejas deben tratar al otro con respeto y nunca deben ser condescendientes o despectivas.

4. Solucionar los conflictos de forma constructiva: Las parejas deben aprender a resolver los conflictos de manera constructiva. Esto incluye escuchar activamente al otro, buscar soluciones mutuamente beneficiosas y comprometerse cuando sea necesario.

Continuando con el tema de mantener el compromiso de trabajar en una relación de pareja diariamente, es importante mencionar que, aunque puede parecer fácil al principio, mantener este compromiso puede ser difícil. La vida puede volverse muy ocupada y estresante, y puede ser fácil perder de vista lo que es importante en la relación. Por lo tanto, es fundamental entender que mantener el compromiso de trabajar en una relación diariamente requiere esfuerzo y dedicación constante.

Una de las cosas más importantes que las parejas pueden hacer para mantener su compromiso es establecer metas y objetivos juntos. Esto puede incluir objetivos a corto y largo plazo, como hacer una actividad juntos cada semana, planificar unas vacaciones juntos o establecer metas financieras juntos. El establecimiento de objetivos comunes puede ser una fuente de motivación y puede ayudar a las parejas a mantenerse enfocadas en su relación.

Otra manera de mantener el compromiso de trabajar en una relación diariamente es mediante la práctica de la gratitud y el aprecio mutuo. Es importante recordar que incluso las pequeñas cosas pueden tener un gran impacto en una relación. Por ejemplo, enviar un mensaje de texto de buenos días, hacer una taza de té para el otro o simplemente decir "te amo" pueden ser formas simples pero efectivas de mostrar aprecio y fortalecer la conexión emocional en la relación.

Aparte de todo lo demás mencionado, es importante aprender a aceptar y manejar las diferencias en la relación. Las parejas deben reconocer que no siempre estarán de acuerdo en todo y que puede haber diferencias en cuanto a gustos, intereses y personalidades. Aprender a aceptar estas diferencias y trabajar juntos para encontrar soluciones y compromisos puede ayudar a fortalecer la relación.

De igual forma, es importante dedicar tiempo a la comunicación. Las parejas deben hablar regularmente sobre sus sentimientos, necesidades y deseos. Es importante escuchar activamente al otro y hacer preguntas para entender mejor sus perspectivas. La comunicación efectiva puede ayudar a prevenir malentendidos y conflictos en la relación.

Como parte de este proceso, se tiene también que como parte de mantener el compromiso de trabajar en una relación diariamente, es necesario la práctica de la resolución de conflictos constructiva. Las parejas deben aprender a resolver los conflictos de manera productiva. Esto incluye hablar sobre el problema abierta y honestamente, buscar soluciones mutuamente beneficiosas y comprometerse cuando sea necesario. Resolver los conflictos de manera constructiva puede ayudar a prevenir la aparición de problemas y mantener la relación saludable.

Ya para finalizar con este resumen, quiero que cada uno de los miembros de la pareja, a manera de actividad extra; tome el tiempo de leer la siguiente historia y que cada uno tome nota de lo que cree que tiene y carece identificándose en ambos personajes:

"Camila y Manuel habían estado juntos por más de cinco años. En ese tiempo, habían superado muchos desafíos, incluyendo la distancia y las dificultades económicas. Pero a pesar de todo, su amor estaba más vivo que nunca. Se habían prometido trabajar juntos todos los días para mantener su relación fuerte y saludable.

Al principio, todo fue fácil. Se dedicaban tiempo el uno al otro, hacían pequeños gestos de amor y aprecio, y se comunicaban con sinceridad y honestidad. Pero con el tiempo, las cosas comenzaron a cambiar. La vida se volvió más ocupada y estresante, y poco a poco, comenzaron a perder el enfoque en su relación.

Camila comenzó a trabajar en un nuevo proyecto en su trabajo, lo que significaba que tenía que trabajar horas extras y dedicar más tiempo al trabajo. Manuel, por su parte, se había vuelto más distante y reservado, y parecía que siempre estaba ocupado con sus propios asuntos. Poco a poco, su relación comenzó a desgastarse.

Un día, después de una discusión acalorada, Camila y Manuel se dieron cuenta de que habían perdido de vista lo que era importante en su relación. Habían olvidado su compromiso de trabajar juntos todos los días para mantener su amor vivo. Se dieron cuenta de que habían estado descuidando su relación y que necesitaban hacer un esfuerzo consciente para volver a encender la llama.

Comenzaron a planificar citas regulares y a dedicar tiempo el uno al otro. Aprendieron a comunicarse de manera más efectiva y a apreciarse mutuamente. Poco a poco, su relación comenzó a mejorar y volvieron a sentir la cercanía y el amor que habían sentido al principio.

A través de su experiencia, Camila y Manuel aprendieron la importancia de mantener los compromisos en una relación. Se dieron cuenta de que el amor no es algo que se da por sentado, sino que requiere trabajo duro y dedicación diaria. Aprendieron que la comunicación, el respeto y el cariño son fundamentales para mantener una relación saludable y duradera."

Capítulo 11

30 actividades de pareja para unirse más

Este último capítulo, más que otra serie de pasos para poder consignar unir más a la pareja en términos de conexión sentimental es una lista seleccionada de forma cuidadosa con las 30 actividades que pueden ayudar a unir dichas partes, es una lista disfrutable tanto de realizar como de cambiar, en cualquier caso. La idea es que la pareja intente estas actividades o se sienta libre de cambiar cosas, ya que para este punto la relación debe estar mucho mejor encaminada.

1. Hacer una cena romántica juntos.

2. Ir al cine o al teatro.

3. Tomar una clase de baile juntos.

4. Hacer una sesión de yoga en pareja.

5. Pasear por la naturaleza en un día soleado.

6. Tener una noche de juegos de mesa o videojuegos.

7. Hacer ejercicio juntos.

8. Cocinar una cena gourmet en casa.

9. Planear una escapada de fin de semana.

10. Ir a un concierto.

11. Tomar un baño de burbujas juntos.

12. Hacer un picnic al atardecer.

13. Ir a un parque de atracciones o acuático.

14. Decorar la casa o el jardín juntos.

15. Hacer una sesión de fotos románticas.

16. Hacer una cata de vinos o cervezas juntos.

17. Pintar al óleo o hacer arte juntos.

18. Ir a un spa o salón de masajes.

19. Tomar una clase de cocina internacional.

20. Ver el amanecer o el atardecer juntos.

21. Tener una noche de juegos eróticos.

22. Ir al cine al aire libre o ver una película en casa.

23. Tomar una clase de fotografía juntos.

24. Ir a un parque de atracciones o acuático.

25. Hacer una sesión de karaoke en pareja.

26. Tener una noche de baile en casa.

27. Tomar una clase de idiomas juntos.

28. Hacer una sesión de acupuntura.

29. Ir a un espectáculo de comedia en vivo.

30. Hacer una sesión de meditación guiada juntos.

Recuerda que lo más importante es hacer actividades que ambos disfruten y que les permitan conocerse mejor y fortalecer su relación.

Conclusión

Una relación es un tema complejo que requiere de un análisis detallado y exhaustivo. Es importante recordar que, aunque 30 días pueden ser suficientes para mejorar una relación, el proceso de sanación debe ser continuo y de por vida.

En primer lugar, se debe entender que cada relación es única y, por ende, presenta sus propias dificultades y desafíos. Para sanar una relación es necesario que ambas partes estén dispuestas a hacer cambios y trabajar en conjunto para mejorar la situación. Esto implica estar dispuesto a escuchar y comprender al otro, respetar sus opiniones y necesidades, y ser tolerante con sus diferencias.

En el camino hacia reparar la relación, es importante trabajar en la comunicación. Muchas veces, los problemas en una relación se deben a una falta de comunicación efectiva. Para mejorar esto, es importante establecer espacios de diálogo sin interrupciones ni distracciones, expresar nuestros sentimientos de manera clara sin atacar al otro, y escuchar activamente lo que el otro tiene que decir.

Otro punto clave es la confianza. Una relación sin confianza es como un edificio sin cimientos, no puede sostenerse por mucho tiempo. Para solucionar esto, es importante ser honestos, ser transparentes en nuestras acciones y conectar emocionalmente con nuestra pareja.

También es importante trabajar en la intimidad. La intimidad se refiere a más que sólo tener relaciones, implica tener una conexión emocional profunda con nuestra pareja. Para mejorar esto, es importante ser más creativos, explorar nuevas formas de placer y hacer sentir a nuestra pareja cómoda para compartir todo tipo de sentimientos y antojos.

Otro aspecto a tener en cuenta para recuperar una relación es trabajar en el compromiso. La relación requiere un compromiso de ambas partes. Esto implica dedicar tiempo y energía a la relación, tomar decisiones juntos, y trabajar juntos para construir un futuro juntos.

Finalmente, la clave para sanar una relación siempre será el amor, será recordar por qué dos personas se han enamorado. A veces se puede perder en el día a día este sentimiento, y puede llegar a olvidarse la razón por la cual se está junto a esa persona. Entonces, no hay que desfallecer, se debe ser constante y se debe amar cada día como si fuese el último, ya que, en el amor, la comprensión y la lealtad harán posible que el amor verdadero también sea duradero...

¿Disfrutaste este libro?

Si disfrutaste leer este libro y encontraste un beneficio en él, me encantaría recibir tu apoyo.

Espero que puedas tomar un momento para dejar una reseña honesta

¡Gracias por tomarte el tiempo!

Tu reseña realmente hace una gran diferencia para mi

Con cariño y optimismo

Brian Alba